Marina Corradi

INNANZITUTTO UOMINI

Le storie di quindici giovani preti

con un'intervista a Massimo Camisasca

SAN PAOLO

Piazza Soncino, 5 - 20092 Cinisello Balsamo (Milano)
www.edizionisanpaolo.it
Distribuzione: Diffusione San Paolo s.r.l.
Corso Regina Margherita, 2 - 10153 Torino

ISBN 978-88-215-5987-7

INTRODUZIONE

Ho conosciuto quindici giovani sacerdoti della Fraternità Sacerdotale dei Missionari di San Carlo Borromeo. È stata un'esperienza singolare. Normalmente incontri un prete per dire di te e della tua storia. Questa volta sono stati loro a raccontare di se stessi a me – a una donna. Con una sincerità e una libertà, anche quando parlavano dell'adolescenza, dei dubbi, degli affetti che hanno segnato la loro storia, che mi hanno meravigliato. La prima scoperta, davanti a questi uomini di ritorno o in partenza per missioni lontane nel mondo, è che non c'era niente, della loro vita, cui non attribuissero un valore, o che dovesse essere censurato nel momento in cui ripercorrevano la storia della loro vocazione.

Nulla di inutile, e nulla che «fosse meglio non dire», pure nel ricordare paure, rifiuti e anche dolorose oscillazioni prima della scelta di diventare preti. Come se ogni giorno, ogni inquietudine, e perfino ogni sbaglio avessero collaborato ad aderire, alla fine, totalmente al loro «sì».

Questa libertà estrema – la libertà di potersi guardare indietro, di non rinnegare nulla e dire che tutto è stato per un bene – mi ha affascinato. Conosco poche persone in grado di valutare il proprio passato con una simile libertà. Non pensiamo, quasi tutti, a qualche circostanza almeno o a qualche scelta della nostra vita come a un errore che ci ha poi condizionato e limitato? I quindici ragazzi che ho incontrato, invece, parlano di ogni esperienza come di qualcosa che li ha resi più ricchi, e più maturi nell'affrontare la scelta della vocazione.

«Vocazione», è una parola che oggi suona strana e un po' sospetta. Vocazione significa «essere chiamati», dunque che qualcuno ti chiama. È una parola che già in sé contraddice il principio dell'autonomia assoluta di un uomo totalmente padrone di sé, principio cui occorre adeguarsi oggi per essere culturalmente corretti. Vocazione significa che un Dio ha un disegno su di te, cui tu rispondi; e che in quel rispondere, e in sostanza obbedire – altro termine di questi tempi molto impopolare – trovi la pace, avendo compiuto ciò per cui sei nato. Siamo agli antipodi del dovere morale di oggi, secondo il quale ciascuno si «realizza» facendo ciò da cui si sente al momento attratto, pronto a virare quando l'inclinazione cambi. La vocazione di cui questi quindici parlano è un corrispondere al disegno di un «altro» sulla propria vita: ma trovando, e ciò può apparire assurdo e quasi scandaloso, in questo aderire la felicità.

La felicità in un'obbedienza? A una della mia generazione, cresciuta in un'influenza ormai confusa del Sessantotto, e poi nel culto edonista dell'«attimo fuggente» degli anni Ottanta, questo fatto che si diventi felici obbedendo è apparso paradossale. Tuttavia, le facce, gli sguardi di quelli che ho incontrato, e la loro voglia e passione di missione cristiana, sono qualcosa di non lealmente negabile: quest'uomo è contento, ho dovuto dirmi ogni volta, alla fine di ogni intervista.

E allora – siccome pienamente contenti della nostra vita non siamo poi così in tanti – ti viene da chiederti qual è il segreto per cui questi giovani e rari «esemplari» di sacerdoti, naviganti controvento nell'onda della secolarizzazione, sono riusciti a trovare, fra le infinite possibilità che avevano davanti, una vita da cui sono totalmente appagati. E il segreto sta forse – mi sembra di avere intuito – nell'avere ascoltato fino in fondo la propria domanda interiore; che, in loro, era una domanda possente, una domanda di assoluto. C'è un motivo, o quasi un sintomo, a questo proposito, che ricorre frequentemente nelle interviste: come una sorta di malinconia precoce che accompagna i futuri sacerdoti negli anni dell'adolescenza, e a volte anche da prima. C'è quello che ti dice di un'ansia di bellezza che lo portava a confrontare ogni cosa incontrata con questa domanda radicale, e a concludere: no, non è per questo che voglio vivere (come in quella poesia di Montale che ripete: «No, non è per questo»). C'è quello più sanguigno che dice di come un giorno abbia avuto la chiarezza che niente di ciò che poteva avere – una donna, una famiglia, un buon lavoro – gli sarebbe bastato, fino all'esplodere di una piena consapevolezza in un perentorio: «Io, voglio tutto». C'è chi, davanti a una persona cara annientata dalla vecchiaia e dalla demenza, ancora bambino si domanda chi e che cosa potrà mai salvare dalla decadenza e dalla morte quel destino – ponendo già le radici di una attesa che non si accontenterà, nella vita, di una carriera, o dei soldi. Comunque, nelle declinazioni delle personali vicende emerge dalle biografie dei futuri sacerdoti e missionari una «domanda» grandissima, e non contentabile dalle tante risposte che la vita offriva loro, e anche generosamente. Non è gente che è andata in seminario non sapendo bene che fare di sé. Occorre, oggi, una certezza interiore davvero forte per fare una scelta così poco allineata con le aspettative del mondo che hai attorno. Sono, questi, uomini che si sono lasciati dietro qualcosa di «pesante»: un bel lavoro, una passione politica, una donna amata. Non senza sofferenza. Non a buon mercato. Anche drammaticamente: «Allora, cosa vuoi fare della tua vita? Deciditi!» grida a uno di loro un amico che è già sacerdote.

Per molti, ciò che è più doloroso lasciare non è «le» donne, ma «una» donna, «quella» donna. Raramente, devo dire, ho sentito degli uomini giovani parlare delle donne con tanto rispetto, e a volte quasi venerazione. Una cosa strana. Quando uomini e donne raccontano dei loro amori, oggi, c'è quasi sempre un sapore di delusione, di amarezza, anche di cinismo, come di un'attesa beffata. Questi ragazzi invece ti parlano di un'ex fidanzata come di una persona molto bella, cui continuano a volere bene e anche più di prima. «Che i preti siano gli ultimi uomini che amano le donne?», mi sono chiesta a un certo punto, stupita. Poi mi è sembrato di capire che quelle ragazze amate e lasciate per diventare preti erano, come mi ha detto uno degli intervistati, la sembianza umana del volto di Cristo, l'ultima forma in cui quella grandissima domanda di felicità cercava un porto. La creatura volto del Creatore, dunque, e che tuttavia non basta, non può bastare a quelli che «vogliono tutto», e che alla fine scelgono. Ma scelgono non una privazione, un «di meno». Sacrificano, è vero, ciò che hanno di più caro, ma per una felicità più grande. Non ho incontrato il gusto della sofferenza, della «mutilazione», e meno che mai della sessuofobia, in questi sacerdoti. Hanno, invece, delle donne una stima rara a trovarsi fra i loro coetanei.

Molte delle storie raccontate sono itinerari umani sorprendenti. C'è il ragazzo che se ne andava sbattendo la porta dell'aula, all'ora di religione, contagiato da quel confuso rancore verso la Chiesa che è tanto diffuso oggi. C'è l'ex comunista che andava in piazza gridando ai preti «corvi neri». C'è quello che tirava l'alba nei locali romani suonando jazz. C'è il figlio di una famiglia borghese, stancamente cattolica giusto per la messa della domenica. E il ragazzo di un villaggio africano a cui gli avversari politici ammazzano il padre. Cosa sarà di quegli orfani soli con la madre e con la memoria di un padre torturato? La logica vorrebbe che il sangue domandasse altro sangue, in una faida infinita. Che da un massacro possa venire un missionario che va ad annunciare Cristo, è una di quelle variabili impreviste della realtà che ti ammutoliscono – e non la sola, ascoltando le storie della Fraternità San Carlo.

Ci sono poi, tra i quindici, quelli che più intensamente degli altri hanno traversato la crisi della modernità e dello stesso cristianesimo, prima di approdare alla loro scelta. C'è il ragazzo americano che si è confrontato con il «gaio nichilismo» dei compagni di college, non evitando nessuna delle obiezioni che vengono opposte alla fede cristiana oggi. C'è lo studente delle montagne trentine, nato in una famiglia profondamente cattolica, che pure ha bisogno di trovare parole nuove che dicano le stesse verità della fede dei suoi nonni: ma le dicano a lui, ricostituite di significato e oggi. In questo senso, questi giovani sacerdoti appaiono già «vaccinati» contro quella sorta di dubbio metodico che fa vacillare molti credenti oggi, e sospettare che la loro fede sia cosa vecchia, superata dal «progresso», e che la modernità non possa attendersi risposte da un uomo di duemila anni fa. Questi ragazzi hanno invece vissuto abbastanza nel «mondo» – anche perché (secondo una lucida intuizione di don Giussani) sono entrati in seminario già adulti – per conoscerne il fascino e i limiti, e per saper fare fronte a un certo laicismo aggressivo che vorrebbe negare dignità culturale alla scelta cristiana. Anzi, fra loro c'è chi è già attrezzato per una sorta di «riscossa»: per provocare gli studenti di un liceo americano a domandarsi cosa c'è, prima del Big Bang, o per stare in piedi sull'«avamposto» di un'università nella Spagna di Zapatero.

«Innanzitutto uomini», si chiama questo libro, nel senso che se mi si chiedesse chi sono, questi giovani preti incontrati, risponderei che sono «uomini» nel senso più nobile del termine. Non dei bambini, o degli illusi, o dei pii volontari arruolati nelle fila di un buonismo altruista in nome di vaghi ideali. Ma degli uomini resi più maturi, generosi e capaci di coraggio, in quanto cristiani.

Per fare degli uomini, però – ed è un problema drammaticamente rilevante oggi – occorrono una madre, e un padre. Una madre prima, come a corrispondere con la pienezza del suo amore alla domanda di felicità originaria del figlio – come a fare intuire che una felicità totale è possibile. E un padre a guidare, a dare una direzione e dei limiti, e il desiderio di diventare, un giorno, a quel padre simili. «Io voglio essere come lui», è il desiderio scattato nella vita di molti degli intervistati davanti a un prete che è capace davvero di umanità e di accoglienza dell'altro. Per diventare «padri» – come questi ragazzi sono chiamati oggi, ricevuta l'ordinazione – occorre avere avuto un padre, un padre vero. Per molti dei quindici questo padre è stato don Massimo Camisasca, oppure, per i più giovani, i compagni già ordinati, in una trasmissione generazionale ininterrotta. Tutti, comunque, per diventare «padri» – e per diventare prima di tutto uomini – sono stati intensamente «figli». Il che potrebbe, volendo, far riflettere sulle ragioni di un dissesto generazionale che pare ormai toccare numeri non marginali dei giovani italiani.

Infine, i sacerdoti della Fraternità San Carlo sono missionari, sempre disposti a partire, e per i paesi più lontani. Ci vuole un grande slancio, una viscerale passione per gli uomini per andare a Taiwan o in Siberia, lasciandoti il mondo alle spalle, affrontando facce straniere con una lingua sconosciuta e spesso ostica. Certamente, una delle intuizioni e delle forze della Fraternità pensata da Giussani e Camisasca sta in quella vita in comune, in case condivise da confratelli, che è il paradigma della San Carlo, e dà una risposta piena e umana al problema tanto attuale della solitudine dei preti, mentre rende umanamente possibile l'«andare» a portare Cristo nei posti più difficili. Ma comunque un simile slancio, come dovuto a una pressione interiore del cuore, è spiegabile solo se comprendi che questi uomini si sono letteralmente innamorati – che sono stati sedotti da Cristo. E, come ci ha detto uno di loro, sono partiti per l'altro capo del pianeta «grati, avendo già ricevuto tutto». Il che ci ha ricordato un'intervista scritta per *Avvenire* a un anziano missionario comboniano, vissuto in Africa per quarant'anni e tornato alla casa madre in Italia per morire. Un giorno nella savana un gruppo di guerriglieri aveva affrontato quel missionario per rapinarlo, e non trovandogli nulla in tasca volevano ammazzarlo, quando lui – un uomo magro, mingherlino – con tranquillità disse ai suoi attentatori: «Ammazzatemi pure. Potete uccidermi ora, ma io vi dico che ho vissuto più di tutti voi». Al che il branco di soldataglia ammutolì per quella che sembrò loro la sfrontatezza di un povero folle, e ridendo lasciarono andare il prete. «Io ho vissuto più di tutti voi», come il marchio di una pienezza ineguagliabile, solo grazie alla quale si parte e si va lontano, nel mondo, ovunque ci siano degli uomini.

Storie del passato? No. Molti dei quindici intervistati hanno trent'anni. Partono ancora. Non smettono mai di partire.

INTERVISTA A MASSIMO CAMISASCA

Per i ragazzi della Fraternità San Carlo è un padre. Ha cento figli sparsi per il mondo: sono diventati preti accompagnati da lui. «Il centuplo quaggiù», viene da pensare davanti a questo numero tondo, a quelle cento facce di figli di un uomo che, di figli nella carne, non ne ha avuti.

Don Massimo Camisasca ha sessant'anni, è sacerdote da trentuno. A quattordici anni incontrò don Giussani, e con lui il suo destino, al liceo Berchet di Milano. Ascoltando la passione con cui quel prete parlava di Cristo, già cinque anni dopo intuì la sua strada: voleva assomigliare a lui. Sono passati quarant'anni dai giorni del Berchet. Camisasca è un uomo coi capelli grigi, pacato nel discorrere, cordiale di quella cordialità che si respirava una volta a Milano – poche parole, ma larga generosità nell'accogliere.

Da ragazzo aveva addosso la passione per la filosofia – come un'ansia di ricerca della verità – e insieme il desiderio di vivere questa domanda in una comunità. Pensava ai domenicani. Ma il convento domenicano di Bologna dove entrò, sperando di trovare la sua casa, era già attraversato – era il 1968 – dai travagli della contestazione. Non era quello, il posto che cercava. Intanto, da laico, era alla guida dell'Azione Cattolica giovanile di Milano, dopo che il cardinale Colombo aveva chiesto a Giussani di fare entrare in AC i giovani di GS*, per animarla. Per cinque anni ogni sera in giro per parrocchie, a incontrare ragazzi. Ma nel 1972 ai giessini di AC vengono chieste le dimissioni. Quando, nello stesso anno, Camisasca domanda al cardinale Colombo di entrare nel seminario di Venegono, non viene accettato, perché appartiene al movimento di Giussani. «Fu un momento doloroso. Cominciai a cercare una diocesi che mi accogliesse. La trovai a Bergamo, dove c'era una comunità di preti diocesani, missionari per l'Italia, nata negli anni Cinquanta. Si chiamava Comunità Paradiso. Entrai in seminario, e nel 1975 diventai prete».

Un percorso non facile, segnato dal «no» nella sua diocesi. Eppure, proprio in quella comunità bergamasca che lo aveva accolto, l'idea di vita comune e missione era andata maturando. Come se le strade accidentate, talvolta, portassero comunque, e forse meglio, a destinazione. Nel 1984 con Giussani nasce l'idea di un seminario per i giovani di Comunione e Liberazione caratterizzato da una disponibilità missionaria ad andare nelle diocesi in cui ce ne fosse necessità. Il 14 settembre 1985 – festa dell'Esaltazione della Croce, ricorda Camisasca – nasce la nuova comunità. Nel 1999 la Fraternità San Carlo è società di vita apostolica di diritto pontificio. Il carisma del movimento, la missione e la vita in comune, i suoi cardini.

Erano in sei all'inizio; oggi quei cento «figli» sono in Asia, America, Africa ed Europa. Ovunque,

* Gioventù Studentesca, il movimento da cui sorgerà Comunione e Liberazione.

non vivono soli, ma in case comuni. «Perché la prima testimonianza che crediamo di dover dare agli uomini – dice don Massimo – è l'unità, cioè la comunione vissuta come un nucleo attorno al quale, come a cerchi concentrici, si sviluppi una comunione più grande. Il fratello è il primo segno dell'umanità di Cristo, e del suo esserci accanto. Il fratello è, anzi, il sacramento principale di Cristo nella nostra vita».

Case a Madrid e a Praga, a Taiwan e in Siberia. Mai programmate a tavolino, ma in risposta alla domanda delle diocesi, e del movimento di CL.

Quando le si presenta un ragazzo e le dice: «Voglio diventare prete», qual è la prima cosa che osserva, che cosa gli domanda?

«Prima di tutto, lo ascolto. È del resto la posizione che ho di fronte a ogni persona, e che cerco di avere sempre nel percorso di questi ragazzi. Ascoltare, vuol dire cercare di entrare nella vita di un uomo. Capirne la storia, e cosa lo ha portato a esprimere questo desiderio. La prima cosa è ascoltare ciò che mi raccontano della loro famiglia. Non si può comprendere una persona senza sapere dei suoi genitori, dei fratelli, di chi ne ha segnato l'infanzia. Poi, chiedo le ragioni per cui quel ragazzo vuole diventare sacerdote. E la scoperta, sorprendente, è che la maggior parte delle vocazioni maturate da adulti si sono già manifestate nella adolescenza, e a volte anche prima. La vocazione è come un fiume carsico, anzi all'inizio un ruscello, che emerge e poi ritorna nascosto, e finalmente si fa di nuovo riconoscibile: come arricchito, mentre scorreva sottoterra, dai sali minerali degli incontri fatti, e delle esperienze vissute. Può sembrare strano, ma quando chiedi a un ragazzo le ragioni precise per cui vuole fare il prete, il più delle volte non lo sa, o piuttosto non sa dirlo. Questo per me non è assolutamente una ragione negativa. Significa che Dio ha suscitato in quel ragazzo un'ipotesi seria, di cui lui ancora deve prendere completa coscienza. Per molti, a suggerire quell'idea è stato l'incontro con un sacerdote, e il desiderio di assomigliargli. Altri sono presi dal desiderio di servire gli uomini servendo la Chiesa – ma questa ipotesi è spesso raggiunta solo con la maturità. Non è necessaria una simile compiuta consapevolezza per accogliere un giovane in seminario, ma di certo non si può ordinare un sacerdote, se questa consapevolezza manca».

E cosa, invece, può portare a non accogliere un ragazzo in seminario?

«Se appare chiaro che non nutre ragioni di autentica attrattiva per questa vita, che non è la sua strada, occorre aiutarlo a cercarne altre. È, del resto, un'eventualità non infrequente: per i cento nostri seminaristi che in questi anni sono stati ordinati, altri hanno preso una strada diversa».

Non deve essere facile, per un ventenne, capire se la sua vocazione è vera.

«È quasi impossibile che lo capisca da solo. Bisogna aiutarlo a capire. Aiutarlo a riconoscere il proprio destino fra le infinite possibilità, in una cultura che pare dubitare che ciascuno abbia un destino, e invece trova normale che ci si accontenti di vivere giorno per giorno, cercando la più immediata soddisfazione».

Che cosa significa diventare missionari, e prima di tutto sacerdoti, nella Fraternità San Carlo, che è nata dal carisma di don Giussani?

«I ragazzi che entrano nel seminario della Fraternità San Carlo hanno riconosciuto la loro vocazione attraverso l'incontro con il carisma di don Giussani e con il movimento di CL. L'esperienza vissuta nelle comunità di Gioventù Studentesca (GS), nelle scuole superiori o nelle comunità del movimento in università e nel mondo del lavoro, ha reso per loro affascinante la persona di Cristo, promessa per la loro vita. Entrando nella Fraternità San Carlo, questi giovani vogliono attingere dal tesoro senza fondo dell'insegnamento di Giussani ed essere in tutto il mondo parte viva del movimento da lui iniziato, dentro il grande movimento con cui Cristo in ciascun istante attrae a sé ogni persona e ogni cosa. La Fraternità San Carlo mostra dunque con la sua stessa esistenza che il carisma di don Giussani è capace di educare vocazioni al sacerdozio ordinato, nell'obbedienza a tutte le norme stabilite dalla Chiesa».

Una volta si entrava in seminario da bambini, oggi da adulti, e dunque già passati attraverso la possibilità di ogni scelta. Che differenza c'è fra sacerdoti cresciuti in seminario e cresciuti «fuori»?

«È il mondo attorno, che è completamente cambiato. Un tempo si arrivava alla maturità molto prima. Oggi si può andare all'università o anche lavorare, continuando ad accantonare molte domande. Il primo lavoro in seminario attualmente, infatti, è fare maturare la persona. Giussani diceva che un sacerdote è prima di tutto un uomo: un uomo vero, dunque non perfetto, ma un uomo. Nella Fraternità io ho accolto questa indicazione, che è molto vera».

Uomini, dunque. In queste interviste ricorrono delle costanti fra i giovani sacerdoti che ho incontrato. Come per esempio la circostanza che gli amici intorno intuiscano per primi in loro una capacità di paternità, per cui li scelgono come consiglieri e quasi maestri, benché coetanei. Un dono di paternità intuita dagli altri, quando lo stesso ragazzo ne è ancora inconsapevole.

«È possibile, perché la paternità comincia a maturare in noi quando matura la figliolanza – cioè la coscienza di essere figli. E dunque quando una persona si consegna a un luogo educativo diventa figlio, e contemporaneamente comincia a diventare padre per altri. Occorre per questo un'educazione: non c'è speranza per l'uomo, senza un'educazione. Poi la paternità diventa consapevole e capace di accogliere, perché il sacerdote è proprio l'uomo chiamato a essere segno della misericordia con cui Cristo si china sugli uomini. Quando mi domandano cos'è per me la Fraternità, rispondo che è il segno della misericordia con cui Dio si è chinato sulle mie ferite e mi ha reso capace, con la sua Grazia, di accogliere la vita degli altri».

Un'altra costante è che molti di questi ragazzi sono passati, prima di entrare in seminario, per una storia d'amore importante e intensa. È un bell'argomento contro la teoria dei preti misogini, o spaventati dalle donne. Donne, poi, di cui parlano con una profonda stima, quanta è rara trovarne nei loro coetanei.

Sorride del suo sorriso lombardo Camisasca: «Che

Dio sia benedetto. Ho visto – dice – che là dove la personalità di questi ragazzi è passata attraverso un sacrificio vero e consapevole, teso a un amore più grande – un sacrificio che non nega l'amore per una donna, ma lo affida a Dio – la persona è cresciuta ed è diventata capace di maturità affettiva, di stimare la sessualità propria e degli altri. La persona diventa capace di apprezzare il ruolo della donna nella società e nella Chiesa – e soprattutto di capire che cosa sia, la Chiesa. Perché non si può comprendere compiutamente la Chiesa se non si passa per Maria, e non si capisce Maria se non si capisce la donna, il posto particolare della donna nel disegno di Dio».

E qual è, il posto della donna nel disegno di Dio?

«È quello rivelato da Maria stessa nell'istante del "sì" nell'Annunciazione: la sua capacità di accogliere Dio, e l'essere, quel bambino che misteriosamente cresceva in lei, il frutto totale della sua dedizione. È la donna a insegnarci chi è il battezzato: battezzato è chi riceve un dono, lo accoglie in sé e lo dona agli altri. Questo certamente vale anche per l'uomo, ma la donna ha una capacità particolare per farlo comprendere. In questa luce è svuotato il discorso ideologico, rivendicativo sulla donna e invece è ritrovato il suo posto nella Chiesa: una donna, è quella che più di ogni altro ha fatto la volontà del Padre. Per questo ciò che dice Dante di Maria è assoluto: "Figlia del tuo figlio" – prima ancora che come madre, la sua grandezza sta nell'aver saputo essere totalmente figlia».

«Tornando però – riprende Camisasca – alla domanda che lei ha posto circa un rapporto più maturo con la donna in questi ragazzi, voglio aggiungere che la questione della maturità affettiva è oggi fondamentale per il sacerdozio. Mentre negli anni Settanta il problema centrale era di ordine ideologico, riguardava cioè la natura stessa del ministero, oggi questo dibattito si è placato e appare invece in primo piano la questione della solitudine. In questo senso credo che l'idea della vita in comune sia profetica per tutta la Chiesa. Non parlo della nostra Fraternità, ma di quella scuola che già prima di san Benedetto ha visto nella vita in comune la strada fondamentale per l'educazione alla missione. Oggi i preti sono spesso soli. E la riduzione delle ordinazioni moltiplica questa condanna. Non basta metterli a vivere assieme: la capacità di vivere assieme non si improvvisa. Occorre averli educati a questo».

Un altro tema che torna in molte interviste è una sorta di insoddisfazione, e quasi di malinconia avvertita nell'adolescenza e nella giovinezza, come se nulla di ciò che si fa – lo studio, il lavoro, il divertimento – bastasse davvero, come se nulla fosse all'altezza della domanda del proprio desiderio.

«Credo che questa insoddisfazione sia propria di ogni uomo sano. Esistono una malinconia negativa, che è quella che porta a ripiegarsi e chiudersi in se stessi, e una malinconia sana, quella che fa intravedere una possibilità più grande per la propria vita, e cioè che, seguendo Cristo, si diventa più uomini, si apre il proprio orizzonte a una più ricca umanità».

Frequentemente nelle storie di questi sacerdoti torna la figura della madre, magari come sullo sfondo, in secondo piano, e però si ripresenta un'immagine materna «bella», generosa, e fedele alla tradizione cristiana. In molti parlano del ricordo delle preghiere della sera recitate con la madre, accanto al letto, abitudine d'affidamento a un Dio buono.

«Non vorrei indulgere al romanticismo, ma è vero che dietro a un sacerdote c'è spesso una madre significativa. Una madre che magari inconsapevolmente ha preparato questa vocazione, o che poi, conoscendola, ne è diventata il sostegno, o che si è lei stessa convertita in seguito alla scelta del figlio. Il rapporto fra un sacerdote e sua madre è singolare. La madre è la strada fondamentale per capire che la vita sacerdotale è dono di sé. E una madre che mostri, con la sua stessa persona, questa capacità di donarsi, è una strada già aperta alla vita consacrata».

Viene da pensare allora che i cambiamenti nella famiglia di questi decenni non siano estranei all'attuale crisi delle vocazioni. E ci si può domandare, anche, se è Dio che oggi «chiama» meno, o se sono gli uomini che non sanno più ascoltare.

«Io sono convinto che Dio chiami al sacerdozio sempre, in ogni epoca. Senza Eucaristia non c'è Chiesa, senza perdono sacramentale non c'è speranza per l'uomo. Allora bisogna dire che molte vocazioni sacerdotali rimangono inascoltate, o abortiscono, lasciando uomini infelici perché non hanno riconosciuto ciò a cui erano chiamati. Questo può accadere per molte ragioni. Il contesto sociale e la cultura in cui viviamo, è chiaro, non aiutano certamente. Ma il primo ostacolo è spesso già all'interno della famiglia. In un mondo di figli unici, viene meno la gioia delle famiglie numerose di un tempo, di offrire un figlio alla Chiesa. Con i figli, si oscilla fra possessività e trascuratezza. Il rapporto con i genitori, ho capito in questi vent'anni in seminario, è il più delicato. Ci sono quelli che vengono qui, e si intravede in loro anche un desiderio di fuga dalla propria casa. Altri invece con i quali la famiglia si mantiene possessiva, e che occorre educare a un distacco. Mi accorgo che facilmente alcuni seminaristi tendono a identificare in me il loro padre, cosa che accetto, a patto che lungo l'itinerario educativo siano ricondotti a riscoprire l'importanza fondamentale del loro padre carnale. E a capire che ogni padre è soltanto un padre putativo, nella vita; e che ogni padre ha la sua autentica funzione in rapporto a Dio».

Che cosa è più di frequente di ostacolo a portare a compimento la vocazione, quale dubbio più facilmente si mette di mezzo?

«Una delle trappole più comuni per un ragazzo che voglia farsi sacerdote è la sopravvalutazione della propria indegnità. Ma se si arriva, fra i superiori, alla considerazione ragionevole che quell'uomo è davvero chiamato, allora bisogna aiutarlo a una valutazione realistica di sé, e a non cadere nella tentazione di giudicare troppo severamente i propri errori e debolezze, tanto da rimanerne bloccati. Occorre che la persona, pure cosciente dei propri limiti, sia capace di consegnarli ai superiori, lasciando che siano loro a giudicare».

In molti, fra gli intervistati, parlano di lunghi tempi di incertezza, prima di entrare in seminario, e poi di un «arrendersi» a Dio che viene descritto come un momento di grande gioia. Nell'accettare la volontà di Dio questi ragazzi trovano la felicità?

«Sì. Trovano la felicità perché trovano una grande libertà, che deriva dalla consapevolezza che quando hai fatto tutto ciò che potevi, puoi dire di essere un servo inutile – conscio che chi veramente fa, è Dio. Il sacerdote è uno che lascia che Dio passi attraverso di lui. Questo lasciarsi attraversare innesta un forte desiderio di cambiamento e di conversione, pure restando chiara la consapevolezza che peccati e limiti rimarranno fino all'ultimo giorno di vita».

In molte parti del mondo i missionari, e più generalmente i cristiani, sono diventati oggetto di aggressioni o omicidi da parte dell'islam integralista. Questa coscienza come incide sui suoi ragazzi?

«Approfondisce in loro il tema del martirio, che è certamente un tema centrale nella vita cristiana. Ma "martirio" significa testimonianza e i confini della testimonianza a Cristo non possono essere fissati da noi. Nessuno può scegliere per sé, forse neppure augurarsi, un martirio di sangue, ma certamente ciascuno, soprattutto se chiamato alla vita sacerdotale, deve tenere in conto questa possibilità».

Si può fare i preti a casa propria, o dall'altra parte del mondo, magari in una terra ostile. Vorrei capire qual è la differenza d'animo, qual è, se c'è, il «di più» di coraggio che si chiede a un uomo, per farsi sacerdote missionario.

«Non penso che la differenza stia nel coraggio. Il sacerdozio esige coraggio, in qualunque parte del mondo venga vissuto. Il cardinale Federico Borromeo, ne *I promessi sposi*, rimproverava don Abbondio proprio su questo. Don Abbondio gli rispose: "Il coraggio, uno non se lo può dare". Penso invece che la differenza stia in un'apertura dell'animo, in una passione. La passione di testimoniare Cristo è così grande, così piena di letizia, che rende possibile ogni sacrificio».

Così lontani da casa e dai loro affetti, i missionari della Fraternità San Carlo sono contenti? Non pesa l'umana nostalgia? Come ha affrontato una tale difficoltà?

«La contentezza non dipende dalla vicinanza, né dalla lontananza, e nemmeno dalla difficoltà del luogo. Viene dall'abbandono con cui ci si mette nelle braccia di Dio, come bambini, e si lascia che sia lui ad agire, attraverso una sorta di nuova infanzia. Come dice il Salmo: «Sono come un bimbo svezzato in braccio a sua madre». È una cosa che io ho sperimentato. Tante persone mi chiedono come ho fatto in questi vent'anni ad affrontare le difficoltà di tanti ragazzi. Ma io posso veramente dire che sono stato solo un canale, attraverso cui è passata la Grazia di Dio. La Fraternità, me la sono vista crescere attorno quasi per forza propria. È vero quello che dice il Vangelo: quando il seme è stato posto nella terra, sia che dormiate, sia che vegliate, cresce. Non ho fatto altro che obbedire giorno per giorno a ciò che lo Spirito mi dettava nelle circostanze della vita e ho il solo merito di non avere opposto resistenza, quando ciò che mi veniva chiesto non corrispondeva alla mia inclinazione e ai miei piani. Di tutte le Beatitudini, ho imparato in questi vent'anni, la più grande è la prima: beati i poveri di spirito. Quelli che sono completamente dentro al gioco che fanno, e ne sono felici».

Affidarsi a Dio vuol dire contemplare anche il rischio di perdere ciò che si è costruito, o che si ama.

«Certo. Nulla è sicuro, di ciò che si possiede o si è fatto, nel domani. E questo è profondamente vero nell'opera missionaria. Ciò a cui hai dedicato la vita, può finire almeno come forma. Rimarrà sempre, in eterno, il frutto della comunione, del bene fatto, della gioia e del sacrificio vissuto. Ma potrà finire il volto storico della Fraternità San Carlo. È duro per un uomo da accettare, ma bisogna esserne consapevoli. Ogni uomo desidera, per ciò che ha costruito, una fioritura eterna. Ma bisogna gioire del presente. Come quei fiori di alta montagna che nascono senza che nessuno li abbia seminati, o i miliardi di pesci dei mari, che vede solo Dio – come fatti da Dio per sé. Ogni uomo in realtà è chiamato a essere come quei fiori nelle crepe delle rocce, invisibili a tutti, nati per la gloria di Dio. Se poi qualcosa di quanto si fa deve essere riconosciuto dagli uomini, lo deciderà Dio».

I

QUEL «NO» RABBIOSO DI UN ADOLESCENTE

Grosseto, un istituto statale per geometri, anni Novanta. In una classe c'è un ragazzo biondo, uno di poche parole, che quando entra il sacerdote per l'ora di religione si alza, e se ne va. Azzalin, fa di cognome, il primo in ordine alfabetico sul registro, ma non su quello del professore di religione. All'iscrizione ha tracciato una croce sulla casella dell'esonero. Un ragazzo di quelli cui gli anni del catechismo hanno lasciato poco più che un senso di peso, e di noia. Uno che ha già le sue ragioni per giudicare la vita faticosa, e che a quattordici anni si è chiesto perché aggiungere a questa fatica anche il peso di leggi e di divieti, di cui non capisce il senso. Quando ha provato a domandarne i perché, non ha trovato chi fosse capace di rendergli, di quelle leggi, la ragione. E allora, crescendo, il «no» è diventato rifiuto alla sola vista di ogni tonaca nera: so già chi sei, e che cosa vuoi dirmi. Tu sei un altro di quelli che non rispondono alle mie domande. Ti conosco già, e non mi servi. Quella porta dell'aula chiusa un po' troppo forte dietro le spalle quando arriva il prete, e un ragazzo che se ne resta da solo in corridoio.

Dieci anni dopo, Azzalin è un sacerdote missionario a Novosibirsk. E tutto ciò che c'è di mezzo è il tempo che gli è stato necessario per capire, e scegliere. Per sapere che cos'era quella rabbia, e quella strana malinconia che, a sedici anni, non lo lasciava mai solo.

Gabriele Azzalin, nato a Ciriè nel 1977. Figlio di operai che gravitano come migliaia d'altri intorno all'hinterland industriale torinese. Il padre in un'azienda chimica, la mamma alla catena di montaggio in una fabbrica di elettrodomestici. Una sorella, Samanta, di sette anni più grande. Quanto alla fede, di quella prima infanzia in una casa in cui di Dio non si parla molto, pure gli resta il ricordo della madre che alla sera gli fa dire una preghiera. Come un'impronta che nella sua semplicità rimane. Come uno sguardo, al di là della fatica e delle incomprensioni quotidiane: la vita va oltre ciò che si vede e si tocca. C'è altro, c'è un altro che ci guarda, e a cui siamo cari. Molto presto dal Piemonte gli Azzalin si trasferiscono in Toscana, in Maremma. In famiglia hanno una grande importanza nonni e zii, usi a riunirsi spesso intorno a una tavola tutti insieme, nei giorni di festa. Gabriele sente parlare di politica con passione da un nonno; sente le voci attorno alla tavola discutere e scaldarsi di speranza per una società che dovrebbe essere più equa, e meno ingiusta. Lui ascolta senza appassionarsi. In quegli anni Novanta già la politica gli appare cosa fumosa, nel migliore dei casi utopia incapace di incidere sulla realtà. Qualcosa di inutile, e già non più credibile, a un figlio di operai, l'idea che un uomo politico possa lavorare per il bene del popolo.

Ma l'ingiustizia, il banale male quotidiano che vede intorno a sé colpiscono profondamente questo ragazzo chiuso. C'è un piccolo episodio dell'infanzia, che lo segna. Con un amico sta giocando a pallone su un terrazzo. La palla cade e lui, che ha dieci anni, guarda giù per vedere dov'è finita. Passa per strada un ragazzo in motorino, vede il pallone, lo prende e se ne va. Il bambino sul terrazzo grida, scende le scale a perdifiato, ma l'altro è già lontano con il suo pallone. Nella testa di Gabriele scatta come una molla di rabbia e ribellione: il mondo è pieno di disonesti. Occorre fare giustizia, oppure farsela da soli. Le arti marziali lo attraggono, va a lezione di karate, diventa cintura nera. È come uno scambio su dei binari, quello su cui transita. C'è stato chi, non molti anni prima, da quella stessa ansia di giustizia, da un'attrazione per l'uso della forza, ha imboccato scelte estreme. Ma non sono più gli anni Settanta, e poi quel ragazzo alla destra o alla sinistra non crede. Nessuna passione politica viene a sfiorarlo.

È un adolescente inquieto, sotterraneamente arrabbiato: «Mi rendevo conto che alla fine in tutto quello che facevo ero triste, che nulla mi dava mai soddisfazione davvero. Uscivo la sera, facevo quello che facevano tutti alla mia età, ma alla fine tornando a casa mi ritrovavo sempre nella stessa insoddisfazione dolorosa. Non ero contento, non mi bastava quello che avevo, a rendermi felice».

In questa adolescenza solitaria, come incupita da un'attesa di una promessa che non potrà compiersi, entra un giorno un imprevisto. È il prete al cui ingresso in classe Gabriele se ne va, ostile. Si chiama don Antonio Maffucci della Fraternità San Carlo, e quando quell'alunno esce lo ferma, gli chiede come si chiama. È un gesto che meraviglia il ragazzo, abituato a professori che non si interessano troppo agli studenti, e che si preoccupano di dove vanno solo per mantenere l'ordine. Gabriele ha invece la sensazione che quel prete che continua ad ogni lezione a parlargli si interessi a ciò che lui è. Quel gesto apparentemente da poco inizia a lavorargli dentro. Dapprima è un fastidio, «come un tarlo. Come qualcosa che premeva e rimetteva in discussione le mie certezze. "Cosa vuole questo prete da me?", mi chiedevo. Un giorno ho deciso, solo per provocarlo, di restare in classe durante la sua ora. Leggendo ostentatamente, all'ultimo banco, un giornalino di fumetti. Don Antonio entra, fa l'appello. "E tu, Gabriele, cosa leggi, là in fondo?"». Il ragazzo chiude il giornale senza rispondere. Il prete comincia la lezione. Parla del *Piccolo principe* di Saint-Exupéry, di quando la volpe chiede al bambino di essere addomesticata. Di quando il Piccolo principe tarda a tornare, e la volpe lo rimprovera: se io so che tu arrivi alle quattro, comincio a prepararmi il cuore, e quando arrivi sarò pronta. «Siamo responsabili di ciò che addomestichiamo». Quando, riflette il ragazzo all'ultimo banco, abbiamo stabilito un legame con una persona, abbiamo suscitato un'attesa, che non può più essere negata. Quello che se ne era sempre andato chiudendo troppo forte la porta trova la storia della volpe bellissima: «Anche io – mi sono detto – vorrei essere addomesticato».

Quel prete è diverso da quelli che finora Gabriele ha conosciuto. Ride, scherza, ha letto molti libri; soprattutto, parla del cristianesimo in un modo nuovo, che lo affascina. Ma il muro di difesa che l'adolescente si è costruito intorno è robusto. A sedici anni ha già imparato a sfuggire i legami forti, per sottrarsi a una delusione che gli pare inevitabile. Conosce tanta gente, ma non ha nessun amico. E agli inviti del sacerdote alle gite dei ragazzi di GS, dice sempre di no, già come inselvatichito nella sua solitudine.

L'autunno dopo però decide di frequentare religione. Ma don Antonio se ne è andato, e il nuovo insegnante non capisce le domande brusche, radicali di quell'alunno dal carattere spigoloso. Non è più esonerato, ma si ritrova ugualmente in corridoio, mandato fuori per il suo tono aggressivo, che suona al nuovo sacerdote provocatorio. Così che quando, a giugno, per caso reincontra a scuola don Antonio, ne è così contento che per la prima volta va lui a salutarlo. Don Antonio ha sottobraccio un fascio di inviti per una vacanza, ma stranamente non fa il gesto di porgergliene uno. Finché è lui, provocato da quel mancato invito, a chiederglielo, con la sua solita aria sulla faccia: fra lo spavaldo e l'annoiato. Si iscrive, e subito se ne pente: «Vado in vacanza con i bambini dell'oratorio, cosa mi è venuto in mente?». Ma la caparra ormai è stata data, e i genitori su certe cose sono inflessibili: hai detto che ci andavi, e ora ci vai. Anni dopo, il figlio ricorderà quell'averlo costretto a partire come una delle cose di cui è più grato ai suoi.

A Gressoney, istintivamente Azzalin tende a stare da solo – come un animale selvatico che sia tentato di avvicinarsi agli uomini, ma ancora non si fidi. Non può non vedere il contrasto fra quei ragazzi contenti e lui, solitario, che alla sera è triste, come se avesse perduto qualcosa. Va a messa, ma non fa la comunione. «La messa senza comunione – dice un giorno don Antonio – è come sedersi a tavola e non mangiare». «Quell'immagine – racconta – mi colpì molto. A casa mia il sedersi attorno a tavola di tutti i parenti, nei giorni di festa, era un rito, e mia nonna Quintilia con le sue cinque figlie preparava piatti fantastici, e la tavola era imbandita e bella, e nessuno si sarebbe sognato di sedersi e non mangiare. Sapevo dunque che ci si siede a tavola per dividere il cibo e il vino e ridere e parlare – per stare insieme. Quel paragone mi fece decidere, dopo anni, a confessarmi e a fare la comunione». Dell'ultimo giorno di quella vacanza, una frase gli resterà in mente per sempre: «Qui – sente dire da un ragazzo più grande – stiamo parlando di Uno che è nei libri di storia, di un uomo che è venuto al mondo e ha fatto un casino bestiale, tanto che tu ora, duemila anni dopo, sei qui a parlare di lui». «Quelle parole – dice Azzalin – mi hanno affascinato. Iniziavo a scoprire il nesso fra Dio e gli uomini».

L'amica che lo ha accompagnato a Gressoney col segreto patto che finita la vacanza entrambi non avrebbero più frequentato «quei ragazzini», capisce per prima che il patto è già tradito: «Tu, Gabriele, con questi qui ci resti. Si vede da come li cerchi, da come canti con loro le canzoni che una settimana fa non sapevi». Come nel *Piccolo principe*, la volpe ha cominciato a fidarsi, e ora non saprebbe più tornare sola.

Poi l'amicizia continua nei «raggi» di GS. Per Azzalin le sere assieme, le gite non sono nulla di nuovo, nulla che non abbia già fatto. «Lo straordinario è che tutto quello che fino ad allora mi aveva lasciato alla fine scontento e triste, adesso mi pareva diverso, nuovo». Se ne accorgono i genitori già al ritorno dalla prima vacanza in montagna:

«Hai una faccia diversa. Che cosa ti è successo?».

Eppure è ancora solo l'inizio dell'avventura di un mancato geometra, di una cintura nera di karate che era segretamente attratta dall'idea del farsi giustizia da solo. Gabriele stenta a capacitarsi di cosa gli è capitato, di cosa è stato. Ad Antonio Anastasio, allora sacerdote a Grosseto e oggi in missione a Madrid, un giorno domanda: «Ma, perché è successo a me? E cosa vuole Dio, da me?». Non capisce la ragione di quel dono che gli è stato messo fra le mani, quando, dice, non aveva fatto niente per meritarlo. Si sente quasi colpevole verso i tanti altri come lui, cui non è accaduto nulla. Intanto comincia a succedergli, con i nuovi amici, un fatto singolare: in molti, quando sono in difficoltà, vanno a chiedere proprio a lui consiglio, a lui che è appena arrivato e non si sente capace di consigliare nessuno, e neanche se stesso. È quel principio di paternità che si intravede spesso nei ragazzi che diventeranno sacerdoti; un dono intuito prima dagli altri che da chi lo riceve, come se già vedessero, nel principio, ciò che sarà.

E una sera in vacanza ad Arabba, una sera in cui ha la febbre e se ne deve rimanere a letto, un desiderio gli si fa largo nei pensieri, finalmente chiaro. È ancora don Antonio a raccogliere questa prima intuizione, quello che quando lui usciva di classe gli chiedeva: «Dove vai?», come a uno di cui importa davvero.

Ma le domande: «Perché a me?» e: «E gli altri?» premono in lui come un'ingiustizia di cui non sa darsi ragione. Ciò che nel linguaggio cristiano si chiama elezione è oggetto per anni, per Azzalin, di una domanda impetuosa. Solo col tempo quello smarrito:

«Perché io?» diventerà un'ansia travolgente di portare Cristo ad altri uomini. Che è poi la missione.

È una vacanza a Punta Ala in una casa di sacerdoti della Fraternità San Carlo a decidere naturalmente della forma della sua vocazione, a instradarla come un fiume tra gli argini, verso il suo destino. «Ero andato lì semplicemente a lavorare in giardino per guadagnare qualche soldo, ma la vita di quegli uomini mi ha affascinato. Spontaneamente ho preso a partecipare alle lodi, e ai vespri. Il modo in cui quei sacerdoti guardavano e giudicavano la realtà mi è apparso bellissimo». Due anni dopo, «dentro amicizie che saranno per tutta la vita», chiede di entrare nel seminario di via Boccea, a Roma.

Oggi don Gabriele Azzalin è missionario a Novosibirsk, in Siberia. Si alza alle sette del mattino e recita le lodi. Un'ora di silenzio, e poi studia il russo, o dedica il suo tempo agli studenti universitari. La domenica va nella parrocchia di Akademgorodok, a trentacinque chilometri dalla città. Dice della sua vita che «lo straordinario è diventato ordinario, e l'ordinario straordinario».

Dallo studente che sbatteva la porta di un istituto per geometri a Grosseto, paiono passati anni luce. Solo la faccia dai lineamenti forti sotto ai capelli cortissimi dice ancora dell'adolescente irrequieto e travagliato che Gabriele è stato. Non sembra un prete, ti dici, e forse per le strade di Novosibirsk quella sua faccia che reca ancora la traccia della solitudine e della diffidenza attraversata attrae i suoi coetanei, come ritrovassero nello sconosciuto straniero uno che è stato così simile a loro.

Cosa diresti, gli domandi, a uno come quello che tu eri, che nemmeno sopporta di sentire parlare di

Dio? «Non gli parlerei di Dio. Spendere parole astratte non serve. Non tenterei in alcun modo di convincerlo. Continuamente invece gli proporrei un'amicizia, quella amicizia in cui Dio stesso è presente, e che ha conquistato me. Lo sfiderei a giudicare il cristianesimo attraverso l'esperienza che può farne: vieni e vedi. Lo sfiderei a usare un criterio di giudizio che fin dall'origine è dato a ogni uomo: la Bibbia chiama questo criterio "cuore". Il desiderio di felicità che hai addosso, domanderei a quel ragazzo, trova almeno un principio di appagamento stando con questi amici che ti dicono che Cristo è la risposta al desiderio di felicità dell'uomo? Non userei nessuna parola, ma l'instancabile proposta di una presenza viva che chiede di verificarne personalmente la verità usando quello che la Bibbia chiama "cuore"».

E tu, domandi ancora, hai trovato la pienezza che cercavi? «L'ho trovata, e anzi continuamente mi sorprende per il suo essere imprevedibilmente sproporzionata. L'iniziale risposta che Dio mi dà ogni giorno è inimmaginabilmente più grande del mio desiderio. E se oggi accade questo, cosa accadrà alla fine?» è la risposta, in un'*e-mail* che arriva da Novosibirsk.

II

LA BELLEZZA DI ARRENDERSI

A Baggio, la periferia di Milano dove è nato, andava al tramonto ad arrampicarsi dietro i *guard rail* della Tangenziale Ovest, a inseguire con gli occhi le ombre dei Tir – quanto lunghe e enormi apparivano, nell'ultima luce rossa del sole. «Sembrano grandi le ombre dei camion, ma in realtà è il sole che li illumina che è grande», si diceva il bambino arrampicato sui bordi del fiume di auto in corsa.

Un gioco singolare, mentre gli altri tiravano calci a un pallone: e se quel ragazzo ora è prete e missionario, già ci puoi leggere dentro il segno di un'indole contemplativa, di un insoddisfatto anelito al bello. Antonio Anastasio, detto Anas, nato nel 1962 a Milano, figlio di un calabrese da poco emigrato al Nord, un militante dell'Azione Cattolica che in quella città sconosciuta si va a legare come a un'ancora alla parrocchia del quartiere. Suo figlio in quella chiesa ci cresce. Si staglia nei ricordi, netta, suor Emma, la maestra, che insegna come una madre le preghiere, ma interviene «come un panzer», le gonne energicamente svolazzanti, a placare le risse sul campo di pallone. È un ragazzo, quel calabrese trapiantato nella grigia Baggio, che sta volentieri in compagnia; ma fin da piccolo comincia a scrivere poesie, come cercando di fissare sulla carta qualcosa che insegue, e che gli sfugge.

Una vacanza dell'oratorio lo porta in un paese della Riviera ligure, per cinque lunghi giorni invernali. Piove a dirotto, ed è ben triste il mare sotto la pioggia, sui lungomare deserti della stagione morta. Centocinquanta ragazzini chiusi in una pensione, ad ascoltare quel che racconta un prete. Irrequieti, tesi a spiare da dietro il vetro un raggio di sole che permetta di uscire, finalmente. Antonio, invece, non si annoia. In quelle buie giornate di dicembre sta ad ascoltare ciò che il sacerdote racconta, e scopre con meraviglia – lui pure cresciuto tra oratorio e chiesa – che Cristo c'entra, con quella bellezza di cui è confusamente ansioso. Che Cristo, addirittura, è «la bellezza stessa». D'impeto, quando il prete finisce di parlare lo raggiunge, e nello slancio dei dodici anni va a dirgli: «Se tutto quello che tu hai detto è vero, io voglio diventare come te».

Si cresce, poi. Siamo ormai verso la fine degli anni Settanta. Antonio come altri si trova diviso, in quelle periferie metropolitane, fra l'oratorio, e l'altro giro di amici dei ragazzi delle case popolari: che tutti, o quasi, sono di sinistra, e anche estrema, mentre qualcuno va verso Autonomia Operaia o anche oltre. E si sta, a diciotto anni, con gli uni e anche con gli altri, come in mezzo, in bilico, osservando, o non avendo ancora argomenti sufficienti per decidere da quale parte andare. «Era un certo modo di trattare, di scherzare, di stare con le ragazze, nella banda del cortile, che mi lasciava scontento» rievoca. Come intimamente insoddisfatto, senza che sapesse ancora dire, esattamente, perché.

Intanto, sente nascere e crescere attorno a sé, fra quegli amici, come un brulichio di violenza. Il giorno che le BR rapiscono Aldo Moro uno dei suoi compagni in metrò fa, ad alta voce: «A quello, gli pianteranno una pallottola in testa». Lo dice beffardamente, compiaciuto. Antonio ne è come folgorato. Trent'anni dopo, ricorda ancora quella frase, che gli si era piantata come un pugno nello stomaco.

La vita si dipana pianamente. Il liceo scientifico, e lo studio al conservatorio. Una ragazza, con cui sta per cinque anni. Ma rimane forte nella memoria, come un segno o una profezia, l'incontro di una sola sera con un missionario gesuita ospite dei genitori nel suo passaggio a Milano. Viene dal Ciad, e già di quel Paese ha conosciuto le prigioni. Eppure – l'adolescente non perde una parola – non parla che di quella sua Africa, ed è evidente che non vede l'ora di tornarci. In un tinello di Baggio il missionario in procinto di ripartire per l'Africa porta la letizia contagiosa di certi cristiani, che ancora continua come duemila anni fa a meravigliare e sedurre. Il liceale seduto a tavola non può non domandarsi che cosa riempia di una tale gioia quell'uomo, tanto da permettergli di vivere felice solo, e così lontano da casa. Come se la sua casa vera, ormai, fosse laggiù. Od ovunque lo portasse Dio.

Il sacerdote capitato per poche ore in casa resta per anni il simbolo di una felicità misteriosa, come un segreto da comprendere nell'arco di tutta la vita. Intanto, nel maturare dell'adolescenza Antonio mostra dei segni che, col senno di poi, si potrebbero dire sintomi. Istintivamente gli amici vanno tutti da lui a confidargli i loro problemi, a domandare consiglio. Quanto a lui, come da ragazzino continua a essere attratto da ciò che è bello, e a desiderare di potere esprimere questa tensione. Ma avverte che la poesia assomiglia a una preghiera: «Tutte e due sono domanda. Non puoi prenderti niente, puoi solo domandare, con la mano tesa. Anche un verso di autentica poesia è una grazia».

Al momento di iscriversi all'università, oscilla tra biologia e filosofia. «Mi ha sempre affascinato l'idea del principio, lo scoprire cosa c'è all'origine delle cose». In fondo, è poi una domanda analoga quella che spinge verso la filosofia: cosa c'è al principio, e che cosa è vero? «Avevo – come mi disse un padre missionario – una domanda sulla vita aperta, cui non avevo ancora del tutto risposto: cosa volevo, e cosa voleva Dio da me». Poi, è Filosofia alla Cattolica, a Milano. Perso nel mare delle matricole, Anas scrive un'altra poesia. «Il testo, l'ho perduto, o forse è in qualche vecchio quaderno. Mi chiedevo in quei versi se sarebbe accaduto, finalmente, qualcosa a strapparmi dalla mia quotidiana tranquillità». È l'ansia che vibra tacita nei vent'anni: quando, come mi diventerà comprensibile il mio destino? Quando accadrà, quando capirò ciò per cui sono fatto, e per cui sono diventato un uomo? Qualcuno mostra quei versi tracciati su un foglio di quaderno a don Giussani, che li legge agli Esercizi di CL e poi domanda chi li ha scritti. «Io, Giussani non l'avevo mai visto di persona», dice Antonio, «ma nel parlare con lui ho avuto la percezione che tutto della mia vita finalmente si ricomponesse. Ho come visto il disegno di cui ero parte». Gli hai detto del dubbio che cominciava a traversarti? «Non ne ho avuto il coraggio. Giussani, per via di quella poesia che avevo scritto, mi disse che avevo un dono, e che dovevo curare questo dono. Poi gli avvenimenti si allinearono veloci. Mi lasciai con la mia ragazza, e il bisogno di capire si fece più urgente. Conobbi padre Bernardo Cervellera, missionario del Pime, che sarebbe diventato molto importante per me. E ci fu una notte di Capodanno, era la fine del 1984, al Pime a Milano, c'erano cinque missionari tornati in Italia dai posti più lontani e si fece un brindisi nelle lingue più strane, attorno a quel tavolo. Dissero messa in una stanzetta piccolina, e io per la prima volta nella mia vita feci la comunione sotto le due specie del pane e del vino».

In quella notte di Capodanno, mentre fuori nella città scoppiavano i petardi e si stappava champagne, in una stanzetta del Pime la domanda di Anas cresce fino a farsi quasi dolorosa. «Perché – mi chiedevo – io non posso essere come loro?». Ma era come se dovesse cadere un'ultima barriera, qualcosa che ancora stava di mezzo. «A tratti mi dicevo che forse pensavo di farmi prete perché non avevo più la mia ragazza; ma in realtà sapevo che anche in quei cinque anni con lei non si era spento il ricordo, e la nostalgia, di quella vacanza al mare a dodici anni, quando ascoltando un sacerdote mi aveva preso uno slancio di gioia. Non mi ero scordato quell'istante iniziale in cui il Signore mi aveva sedotto. Era stata come una seduzione amorosa che nel tempo continua, che non ti lascia in pace».

A ventitré anni Antonio dice a padre Bernardo del suo desiderio. Nel frattempo in Cattolica succede – dice – una cosa strana. Tanti ragazzi attorno a lui, compagni di studi, prendono la stessa strada. Diventano preti, o *memores Domini* (membri di un'associazione ecclesiale nata in CL che vivono la dedizione a Cristo e alla Chiesa nella verginità, attuando una presenza missionaria nel mondo del lavoro), o suore. Come una compagnia che assieme s'avvia al suo destino, rivelando e rivelandosi reciprocamente il dono ricevuto. Dentro quelle amicizie anche lui non può più non vedere la sua vocazione, quella che già i suoi amici, dall'adolescenza, parevano avere intravisto, scegliendolo d'istinto come interlocutore e fratello maggiore. Un dono. «In un film della serie *X-Files* c'è un professore che dice a una ragazzina: "Tu hai un dono, ma sei tu che domini il dono, o il dono che domina te?". Mi ha colpito questa frase, perché c'è del vero. I doni che Dio ci dà in un certo senso ci dominano perché sono un compito, ma solo se uno li vive per Cristo li domina. I talenti vanno vissuti per Cristo. Altrimenti ci rendono schiavi. Io, potevo essere amico di tantissime persone e non portarle da nessuna parte, e allora il mio dono sarebbe stato perso. Invece, riconoscendo quello che Dio mi chiedeva, ciò che avevo ricevuto diventava una ricchezza per tutti quelli che si affidavano a me».

Ma una parte della «barriera» è ancora in piedi. Non è cosa che cada in un momento. Nel giorno del primo incontro con padre Bernardo, racconta Antonio, disse a Dio: «Io capisco che tu per tutti questi anni hai insistito, ma io non ti ascoltavo. Forse devo arrendermi? Vediamo che succede, se mi arrendo». (Oppure, tutto era già stato chiesto e tutto già deciso in un lontano, quasi dimenticato slancio infantile? Anastasio verrà ordinato il 25 aprile 1992. La stessa data, scoprirà ritrovando una foto conservata dalla nonna, della sua prima comunione. E guardando quella vecchia foto si ricorda del bambino di quel giorno, felice, tanto da promettere che avrebbe dato, della sua vita, tutto quello che Cristo da lui avesse voluto. L'offerta di un bambino, tanto limpida quanto presto scordata. Vent'anni dopo, però, quella stessa data ritorna nel giorno di ordinazione, come il segno di una promessa che in qualche luogo non era stata dimenticata).

Ma: arrendersi, che vuol dire, e che succede, quando ci si arrende? «Arrendersi, è stato bellissimo. Ero in vacanza in Calabria con dei compagni e mi alzavo tutte le mattine alle sei perché volevo stare in silenzio, e pregare. Mi alzavo e salivo per le strade del paese, dicevo il rosario. Avevo il desiderio di volere bene a tutti quelli che mi passavano a fianco. Andavo per i campi e per gli uliveti recitando le lodi, lieto. Alla Certosa di Serra San Bruno il frate che ci accolse disse: "Qui siamo rimasti in pochi, ma magari qualcuno di voi sta pensando che il Signore lo chiama. Magari – disse indicandomi – sta chiamando te". Eravamo in quaranta. E io rimasi sbalordito e zitto, mentre i miei amici, che non sapevano, scoppiavano a ridere».

Antonio sa, ormai, di volere essere prete, e missionario. Quel gesuita passato come per caso, di ritorno dal Ciad, da Baggio in una sera lontana, aveva lasciato un profondo segno con la singolare letizia mostrata nell'aver lasciato la propria casa, perché quella casa potesse riaccadere altrove. «O forse – commenta Anastasio – uno così non lascia mai davvero la sua casa, perché se la porta nel cuore».

Nel 1989 Anas approda nel seminario della Fraternità dei Missionari di San Carlo. E lì capisce che di quelle due parole, «fraternità» e «missione», la prima non è «missione», come lui credeva, ma «fraternità». «È questo, il termine decisivo – dice –, perché la missione è possibile come un aprirsi di un rapporto di amicizia che io vivo con altri: altrimenti Cristo sarebbe solo un'idea, non una presenza sperimentata davvero. Noi della Fraternità viviamo la missione come l'allargarsi di una stringenza: voglio dire, come il contagiare altri con quell'unità che già ci ha abbracciato. Se ci aiutiamo fra noi a guardare Cristo, se stringiamo in profondità il nostro rapporto, la missione viene poi naturalmente, e diventa affascinante per altri».

Entrando adulto in seminario, Anas capisce anche che suo padre fece bene a non lasciarcelo andare giovanissimo, nel primo avvertire della vocazione. «Vedo preti miei coetanei passati per il seminario minore, e mi sembra che facciano più fatica di me, nell'impatto con la realtà. Fare l'università, avere una ragazza, lavorare, e solo da adulto entrare, mi sembra prepararti meglio a stare in mezzo agli uomini».

E capisce anche, il figlio, quel padre, triste all'annuncio della scelta: «Se un figlio unico va a fare il missionario, pensi che non lo vedrai più. Invece è successo, negli anni, che la casa dei miei è diventata quasi la casa dei ragazzi che io seguivo alla Fraternità, da rettore. Me li portavo con me, e diventavano quasi figli loro, come se la mia vocazione si fosse allargata a mio padre e mia madre. E ho poi compreso, conoscendo le storie di altri ragazzi, che spesso, per chiamare i genitori a una totalità, Dio chiama un figlio. E accettando quella vocazione anche la sua famiglia trova la pace».

A lungo rettore della casa di formazione, Anastasio ha seguito la vocazione di tanti altri. Una volta entrati, qual è la difficoltà nel proseguire? «La grande difficoltà, prima di scegliere definitivamente, è quella di accettare i propri peccati. C'è un'obiezione che tutti fanno: "Io non posso, non sono capace, non sono abbastanza buono". La fatica da fare per andare avanti è accettare che conta di più che Dio ti ami, piuttosto che il tuo non essere "buono". In fondo, è l'obiezione dei profeti dell'Antico Testamento, che dicono: io sono balbuziente, non so parlare, non posso. Più avanti, questo stesso dubbio può tornare in un'altra forma: nella tentazione di meritarci Cristo, cioè nel pensare che lui viene nella mia vita purché io sia bravo, purché mi comporti bene. Il solo modo di superare questa tentazione, è dire di sì alla volontà di Dio. Quando sono stato chiamato a fare il vicerettore io seguivo un grosso gruppo di ragazzi a Grosseto. Erano molto affezionati a me, e io pensavo che, lasciandoli, si sarebbero persi. Però ho ubbidito, e sono andato a Roma. Un anno dopo l'altro, ben cinque di quei miei ragazzi sono entrati in seminario. Se avessi fatto conto solo sul mio impegno, probabilmente li avrei persi. È dire di sì alla volontà di Dio, ciò che porta frutto, ciò che fa spazio al mistero di Dio che vuole farsi largo. È il "sì", cioè l'umanità di un uomo che si arrende a Cristo».

Oggi Anas è parroco in Spagna, in una cittadina dell'hinterland di Madrid, Fuenlabrada. Parroco e responsabile di una casa della Fraternità San Carlo, con cinque preti e tre seminaristi. In otto insieme, in un'enorme parrocchia di periferia. Che ad Antonio ricorda molto quell'hinterland milanese dove, ragazzino, smetteva di giocare a pallone per andare a guardare i camion che sfrecciavano sulla tangenziale, e le ombre lunghe proiettate sull'asfalto bollente nelle sere d'estate. «Fuenlabrada è un posto simile alla periferia della mia infanzia, e io mi riconosco in tanti ragazzi che somigliano a ciò che io ero, con addosso una domanda confusa di felicità».

Il giorno dell'ordinazione, come si usa sempre con gli ordinandi, in tanti gli avevano affidato una loro domanda di grazie – perché, secondo una tradizione, quando un ragazzo si prostra nell'atto di diventare sacerdote, Dio gli concede tutto ciò che chiede. Le grazie chieste dagli amici sono sempre tantissime, troppe per poterle ricordare, e si usa scriverle su un foglio, e nasconderle sotto la talare. «Io quel giorno ho chiesto a Dio che si compissero le preghiere che avevo scritte sotto la veste, e in particolare di essere un segno per tutti i ragazzi che avrei incontrato, e di portarli a scoprire la stessa gioia che ho scoperto io. E già tanti che ho seguito in seminario oggi sono preti, e una ragazza è entrata in clausura». Ora il bambino di Baggio cammina per la periferia di Madrid, fra dei bambini come è stato lui. Che giocano tra una tangenziale e l'oratorio, come lui. Mentre i Tir corrono e lanciano il loro sordo boato, chissà cosa germoglia e si prepara, nel destino di qualche ragazzo, a Fuenlabrada.

III

IL COMPAGNO NICOLA

Se don Nicola Ruisi, classe 1961, barba e *physique du rôle* più da sindacalista – cosa che in effetti è a lungo stato – che da prete, dovesse raccontare quale attimo ha deciso della sua vita, ricorderebbe l'istante in cui, alla fine degli anni Ottanta, su una scala del metrò di Mosca un ragazzo russo gli disse: «Guardati le scarpe. Si vede, che sei straniero. Noi, le scarpe le abbiamo tutti uguali».

Viaggio di un ragazzo proletario da Sesto San Giovanni, la Stalingrado d'Italia, attraverso la Cgil e il Pci fino a una rivoluzione interiore non meno fragorosa di quel Muro che negli stessi anni cadeva a Berlino. Nicola cresce al quartiere Gescal di Sesto; esce dall'infanzia fra quelle casermone fresche di calce, le strade nei primi anni Sessanta non ancora asfaltate, né un negozio né un autobus per gli abitanti, approdati spesso nell'estrema periferia milanese come in una risacca che spingeva ai margini disoccupati, piccoli pregiudicati, vecchi poveri, prostitute. Nicola è un ragazzo del Centro di cultura popolare: vede bene davanti a sé l'ingiustizia e la povertà che si tramanda dai padri ai figli. È arrabbiato. Si butta nel «sociale», dal doposcuola ai bambini difficili ai giardini ripuliti, perché il quartiere Gescal sia meno squallido. A quindici anni comincia a lavorare in una centrale telefonica dentro l'Ufficio della Finanza in via Manin, nel cuore più elegante di Milano. Da Sesto a via Moscova, inverno e estate, va in bici, ed è un bel pedalare mentre dalle caserme popolari le case si fanno belle e i negozi lussuosi, man mano che ci si avvicina al centro. È in quelle lunghe corse in bicicletta che misura il mondo, e decide di combattere per raddrizzarlo? Ci si immagina questo ragazzino con gli occhi scuri e pensosi in giro per Milano che pedala in fretta, la sera, perché finito il lavoro lo aspetta la scuola serale, la Rondinella dai Salesiani, a Sesto, per diplomarsi in elettronica. A scuola dai preti? «Solo perché le scuole pubbliche in quegli anni non facevano che scioperare, e io non potevo buttar via il mio tempo». Ma, con la Chiesa, Nicola aveva già chiuso. Da quando, entrando in parrocchia una domenica a Sesto, aveva sentito il prete mettere in guardia i fedeli: «State attenti a quelli del quartiere Gescal». Cioè a lui, e ai suoi amici. Per molti anni Nicola non metterà più piede in una chiesa.

E i preti, nei cortei di Democrazia Proletaria cui partecipa con il pugno alzato, li chiama «corvi neri». Sorride ora, cercando però di ritrovare le ragioni di quell'anticlericalismo aspro: «Ciò che rimproveravo loro era di non essere vicini alla gente. Di vivere in mezzo alla gente, ma lontani, dentro un'astrattezza che non si mescolava con la realtà concreta».

Primi anni Ottanta, è il declino dei movimenti, la fine dei cortei che paralizzavano le piazze. Ma anche il levare la testa della lotta armata. Nicola si è iscritto a informatica, lavora sempre per pagarsi gli studi, e continua a essere arrabbiato per quel suo dover sgobbare duro quando tanti compagni figli di borghesi scivolano tranquillamente con le loro belle auto per le vie di Milano. L'ingiustizia sociale continua a provocargli «un'amarezza forte, dentro». Si respira in quegli anni, in certa estrema sinistra, ciò che è ormai un livore. La giustificazione morale della lotta armata si diffonde in ambienti molto più ampi della cerchia ristretta di chi va davvero a sparare. Quell'idea sfiora molti dei ragazzi come Nicola. Sfiora anche lui: «La tentazione, sì, l'abbiamo avvertita in molti. È stato, per tanti, come passare su uno scambio sui binari. Qualcuno è passato mentre scattava lo scambio sbagliato. Per mia fortuna io frequentavo Democrazia Proletaria, in cui si parlava di rivoluzione sì, ma culturale».

Cresce, e si iscrive al Pci di Berlinguer. Ora è un compagno militante, ma con moderazione. In piazza nelle grandi manifestazioni, il fascio di volantini in braccio da distribuire, ma nulla di più. Lavora e cerca di laurearsi, e si innamora. Fa sindacato, nella Cgil. Tutto sembra quadrare. Il percorso del ragazzo del quartiere Gescal è finora assolutamente lineare e senza dubbi. Un giovane di sinistra che somiglia a tanti altri della sua generazione, nell'Italia di quegli anni.

La prima crepa, inaspettatamente, non è politica, ma affettiva. Nell'universo laico e già sfiorato dalle istanze radicali in cui Nicola si muove, si teorizza con convinzione l'amore libero. «Ce lo ripetevamo, sembravamo proprio convinti di questa libertà reciproca della coppia. Ma nel momento in cui la mia ragazza ha commesso un errore, la storia con lei per me è finita. Non è stata solo una crisi sentimentale. Non capivo: tutta la mia teoria sul libero amore si era rivelata una bugia. Ciò che avevo desiderato in realtà, mi trovavo a confessarmi, era l'idea che la mia donna stesse con me per tutta la vita. Per sempre. L'evidenza della mia infelicità, ora che quel "per sempre" si era rotto, mi dimostrava che l'esigenza che mi portavo nel cuore era ben altra dalla mia filosofia».

Le certezze dell'ex ragazzo del Centro di cultura popolare cominciano a scricchiolare. La teoria, alla prova della realtà, non ha funzionato. Ciò che doveva essere libertà si è rivelato mancanza e dolore. Ma è il 1986, e attorno a Nicola la storia matura e corre verso l'implosione dell'Urss. Lui non lo sa ancora, e pochi se ne sono resi conto in Europa, quando decide di intraprendere un viaggio di incontro ravvicinato con il socialismo reale. Insomma, Nicola vuole vedere com'è nella concretezza la vita in quei Paesi che per generazioni di comunisti occidentali sono stati mito, se non addirittura patria d'elezione. Parte.

Visita Praga. Poi, verso Bratislava, nell'ex Cecoslovacchia, in auto si ferma in un villaggio sperduto. Un campo ai margini dell'abitato è un cimitero di trattori rotti, alcuni capovolti, i cingoli levati verso il cielo. Alcuni però non sembrano così malandati da non potere esser riparati. Chiede a un uomo che parla un po' d'italiano. Quello alza le spalle: «È roba dello Stato, che cosa importa sistemarli, si fa prima a buttarli via». Il ragazzo che riparte verso Vienna non può più rimandare la resa dei conti con l'ideologia in cui ha sempre creduto. C'era un legame, dice, fra quel sistema in cui non si poteva dire «mio» di una cosa, e la tristezza di cui era stato testimone, fra gente che spesso si attaccava alla bottiglia di vodka per non pensare. «Ero stato – dice – costretto dalla realtà incontrata nell'Est a chiedermi cosa ne è di un uomo che non può più dire "io"». Ruisi, ora, non può smettere di viaggiare per l'Est. Deve capire. Va nella Repubblica Democratica Tedesca in tempo per vedere il Muro ancora in piedi. «Il treno fra Monaco e Berlino fermava a ogni stazione, scaricavano i sacchi della posta ma nessuno scendeva nel tratto in cui la ferrovia attraversava la DDR. I militari con le armi in pugno circondavano il convoglio. Poi sono arrivato a Berlino, e ho preso la metropolitana. Non dimenticherò, tra l'Ovest e l'Est della città, le due stazioni silenziose in cui nessuno poteva scendere, i marciapiedi deserti, le luci fioche mentre il treno rallentava. E nella stazione di Berlino Est la gente che salutava piangendo i propri cari che ripartivano per l'Ovest». Le armi dei soldati, le lacrime di chi doveva restare oltrecortina colpiscono profondamente il ragazzo del Pci. Lo guardi oggi, ti puoi immaginare la sua faccia cordiale dietro ai finestrini di quei treni: attento, inquieto. Torna e riparte, come spinto da un sospetto che non riesce a tacitare. Come costretto da un'onestà interiore a capire, anche se questo dovesse comportare una rivoluzione personale. Questa volta va a Mosca, per la festa del 1° maggio.

«Stavo scendendo le scale del metrò quando un ragazzo della mia età, guardandomi dal sotto in su, mi fa in inglese: "Sei straniero?". Lo guardo, quello continua: "Tu non sei russo, si vede". E io, stupito: "Come fai a saperlo?". Il ragazzo: "Guarda le tue scarpe. Non sono come quelle degli altri. Le nostre scarpe sono tutte uguali". In quel momento ho cominciato a guardarmi attorno con un'attenzione diversa. Era vero, le scarpe della gente per strada erano tutte uguali. E tutte vuote le vetrine dei negozi. Solo davanti a una bottega c'era una fila interminabile. Ho domandato in inglese cosa aspettavano. "Sono arrivati i cappelli", mi hanno risposto con una nota di eccitazione, come fosse un evento straordinario. Davanti alle poche macellerie in cui si poteva trovare della carne la coda prendeva un giorno di tempo. A Leningrado, un uomo mi ha fermato per strada, chiedendomi se volevo comprare delle magliette russe. L'ho seguito a casa sua, sulla sua auto, mentre mi raccontava di essere un ingegnere navale, e di vendere abbigliamento per arrivare a fine mese. Ad un tratto si mette a piovere. Noto che l'auto non ha i tergicristalli. Il russo si ferma, apre il baule, estrae i tergicristalli, li monta sotto i miei occhi sbalorditi. "Ma perché non li lascia sul parabrezza?", domando. "Vuole scherzare?", fa lui, "domattina non li troverei più!"».

L'appartamento dell'ingegnere russo è molto grande, molta gente va e viene fra cucina e stanze. «Che famiglia numerosa», si compiace Nicola. «Quale famiglia? La casa è stata divisa, cucina e bagno in comune, qui siamo tutti estranei». Nicola torna a casa senza smettere di pensare a quell'uomo colto, dal buon inglese, costretto ad arrangiarsi a vendere magliette per strada, la sera a casa in una casa non sua, gomito a gomito a tavola con facce sconosciute.

«Avevo letto qualcosa di Marx, Marcuse, Gramsci. Ogni giorno divoravo la stampa di sinistra: *il manifesto*, *l'Unità*, *Rinascita*. Ma solo la realtà concreta mi ha fatto capire davvero. La Russia era stato il sogno della mia adolescenza, il modo giusto in cui vivere. Ma dov'era finita la giustizia che tanto avevo sognato? E la libertà, a cui tanto aspiravo? E la verità e l'umanità dell'uomo dov'erano state sepolte? Solo quell'ingegnere, la sua casa, i trattori abbandonati nel menefreghismo dei contadini, mi hanno aperto gli occhi. Ho avuto la grazia di incontrare un ragazzo che sulle scale del metrò mi ha detto: "Guardati le scarpe"».

Il Muro di Berlino crolla poco dopo le certezze di Nicola. Nel 1990 vota perché il Pci elimini dalla bandiera falce e martello. Poi, straccia la tessera. Viene via. È finita.

Nel settembre dello stesso anno un collega della Cisl – lui è ancora iscritto alla Cgil – lo invita al Meeting di Rimini. Vieni, gli dice, a te piace discutere, lì c'è da discutere finché vuoi. Nicola sbarca a Rimini, ha ancora la chioma lunga e la barba incolta da compagno. Si sorprende a trovarsi bene in quei padiglioni affollati. Ascolta tutto, parla con tutti alle tavolate sotto i tendoni della vecchia Fiera, nel caldo d'agosto, fra piadine e lambrusco. Ma l'incontro che più profondamente lo meraviglia è quello con padre Pavel di Novosibirsk. Dopo l'arresto di un parroco della regione, occorreva trovare un altro prete che ne prendesse il posto. E quel Pavel in risposta: «Vado io». Nicola ascolta e pensa: questo è un pazzo, l'altro prete l'hanno certamente fatto fuori e questo senza esitare va a fare, forse, la stessa fine. Un pazzo? Davvero? La domanda lo rode. «Come è possibile – mi chiedevo – offrire la propria vita così? E io? Io, ho mai giocato davvero la mia vita fino in fondo, o non sono stato altro che uno spettatore? Davvero è un pazzo, quel prete, o c'è qualcosa oltre, che mi sfugge?».

A Rimini in quell'agosto 1990 Nicola Ruisi entra per la prima volta in una chiesa, dopo quindici anni. C'è la messa. «Mi ha commosso – dice ora – la visibile unità di quel momento. Non mi ero mai accorto dell'unità fra i fedeli, durante la messa».

E l'ex ragazzo del quartiere Gescal, che aveva percorso l'Est in lungo e in largo per capire, si butta con passione in un altro mondo nuovo da esplorare. Tempesta il suo nuovo amico, Giuseppe, un *memor Domini*, di domande. Cosa vuol dire dare la vita per Cristo? E come si può dare la vita per qualcuno che nemmeno vedi? E l'unità dei credenti, quell'unità intravista durante la messa, come è possibile, e cosa vuole dire? Nasce attorno a Nicola una catena di amicizie, in cui ciascuno cerca di rispondere a tante domande. «Resta con noi, e comincerai a capire», gli dicono questi compagni. Ma a Nicola non basta. Tormentato, e avido di comprendere quell'universo sconosciuto, come un navigante approdato in una terra inesplorata non smette di domandarsi e domandare, e nessuno di quei volti, che pure gli sono ormai cari, basta alla sua ansia. Lo dice chiaro: voi non bastate, non riuscite a rispondere a ciò che voglio sapere. Gli amici sfiniti finiscono con l'indirizzarlo a padre Romano Scalfi*. Forse, si dicono, solo lui può soddisfare quel fiume in piena che è Nicola, quasi vorace della verità intravista, ma bisognoso di ragioni concrete ed esaurienti.

* Padre Romano Scalfi, figura storica di CL, fondatore dell'Istituto «Russia Cristiana».

La faccia da vecchio *starets* di padre Scalfi è l'incontro decisivo. Con il suo modo di essere, prima ancora che con le spiegazioni. «Quando gli ho telefonato la prima volta chiedendogli di incontrarlo – racconta Nicola – e Scalfi non sapeva nemmeno che esistevo, mi ha detto di andare da lui quando volevo, e che avrei potuto telefonargli tutti i giorni, dalle 5 del mattino alle 10 di sera. Non, ha precisato, al di fuori di quelle ore, "perché dormo". Quella sua disponibilità mi ha sbalordito. A questo qui, mi sono detto, si può telefonare a ogni ora, dalle 5 del mattino a tarda sera? Ma questo esserci sempre, per qualsiasi sconosciuto, cosa vuol dire, se non dare la vita per un altro? Non faceva, anche questo vecchio prete che ancora io non avevo mai incontrato, la stessa cosa di quel Pavel partito per una parrocchia dove avevano ammazzato quello prima di lui?

Il rapporto con Scalfi decide della vocazione di Ruisi. Per stargli accanto, per parlare con lui ogni giorno va a Seriate, alla sede di Russia Cristiana, a studiare il russo. Sono mesi di incessanti domande, e di risposte. L'alunno e il maestro, o il padre e il figlio. Ma più di ogni parola conta quell'esserci del vecchio sacerdote, senza riserve e condizioni.

A Seriate Nicola conosce anche un giovane seminarista, Alfredo Fecondo, della Fraternità San Carlo, che si sta preparando per andare in missione in Russia. Sorride già nel ricordarne il nome: «Uno matto, simpaticissimo, trascinante. Ma anche fine filosofo. Le discussioni con lui non terminavano mai. Non me ne lasciava passare una. Voleva sempre avere l'ultima parola su tutto. Quando vedeva che non riuscivo più a sostenere le mie idee, rideva: “Allora, buddhista-comunista, sei convinto?”». Va a trovare l’amico alla Fraternità, a Roma. In quel momento Ruisi ancora è un sindacalista passato dalla Cgil alla Cisl, indeciso se accettare un incarico in Valtellina o ascoltare quella vocazione sempre più pressante. A tavola conosce don Massimo Camisasca, che gli domanda chi è, e cosa fa nella vita. «Sono un sindacalista», risponde Nicola. «Una cosa completamente inutile», risponde *tranchant* Camisasca. Per il visitatore irrequieto è uno schiaffo in pieno viso. Il sindacato una cosa inutile? Ciò a cui aveva dedicato gran parte di sé? E cosa, allora, è utile davvero, abbastanza da spenderci la vita?

Nel frattempo, a complicare ulteriormente la situazione, Nicola si è innamorato. Di una ragazza di CL. È la prova in cui molti dei ragazzi incontrati alla Fraternità San Carlo si imbattono, prima dell’ultima decisione. Un amore, la possibilità improvvisamente concreta e bella di sposarsi, di avere una famiglia. La tensione, anche per Nicola, è forte, fra l’idea di una famiglia e la scelta di un totale darsi a Cristo. Intanto, sono scoccati i trent’anni, è tempo ormai di decidere del proprio destino. Passano mesi e Nicola non riesce a scegliere. Finché un giorno non la va a trovare. Una giornata bellissima, la chiara percezione di essere davvero innamorato. Ma mentre lei in cucina prepara il pranzo, Nicola prende distrattamente in mano una rivista. L’apre a caso: «Avevo trovato la perla preziosa, avrei dovuto vendere tutto per possederla, ma esitavo». Sant’Agostino, le *Confessioni.* Ruisi chiude il giornale, colpito al cuore. Saluta l’amica, torna a casa senza dirle niente. Non la rivedrà più.

E finalmente tutto appare chiaro. Va da Giussani: «Voglio diventare sacerdote, missionario». Lui gli prende le mani, lo esorta ad andare da Camisasca. Camisasca gli chiede di darsi tempo, per verificare ancora la decisione. Ma Nicola insiste, vuole entrare subito. Ha scelto, ormai. Ha capito.

E a quello che gridava nelle piazze contro i «corvi neri», ora cosa diresti? «Quello là, io lo capisco ancora. C'è ancora troppa astrazione nei giovani preti». E tu, che prete vuoi essere? «Quello che mi ha detto una volta a Roma Madre Teresa di Calcutta: "Io voglio, io desidero essere tutto di Cristo"».

E quella ragazza? Nicola sorride. «Per me, è stata un dono. Ho visto un vecchissimo film con John Wayne. C'è lui che arriva a cavallo e vede al di là del *corral* una donna che sta lavorando la terra. Si ferma, la guarda, e basta. Anni dopo, gli amici una sera accanto al fuoco gli domandano se non c'è mai stata una donna nella sua vita. Lui risponde: "Sì, una c'è stata. L'ho vista. E poi me ne sono andato". Se fossi andato dalla ragazza che amavo, non sarebbe più stato tutto così vero. Come John Wayne in quel film, che ha vissuto della verità del ricordo di un istante».

IV

DA UN RAMO DEL LAGO DI COMO

Ecco uno che viene su da radici forti. Prima di tutto, Matteo ti parla di suo padre. Che lo ha messo al mondo a soli ventitré anni, ma, pure poco più che un ragazzo, è stato dal primo giorno padre davvero, autorevole e forte. Figlio, a sua volta, di una famiglia grande e antica. Contadini, gente di fede profonda, tramandata di generazione in generazione in una cascina sotto al Resegone – sopra al lago di Como. Siamo nella Lombardia de *I promessi sposi*, sotto ai monti cui Renzo e Lucia dicevano addio, fuggendo verso Milano. Valli aperte sui campi, l'aria limpida alla sera, spazzata dalla breva, il vento del lago. Matteo Invernizzi, milanese, passa le estati dell'infanzia, negli anni Settanta, in una di queste cascine, tra i campi e le stalle, negli ultimi bagliori di un mondo che va scomparendo. Ma fa in tempo a respirare l'aria di quelle corti: «Una capacità di lavoro, di sacrificio immensa, dentro a una certezza assoluta della positività dell'esistenza». Quel padre forte, che agli occhi dei suoi figli bambini era legge, viene da questa tradizione. Le sue certezze: il lavoro, la famiglia e la fede. E, sotto a queste travi a reggere la vita quotidiana, pochissime parole, quasi non fossero necessarie, stante la robustezza di quella antica struttura.

Per un bambino in mezzo a tre altri fratelli, la

condizione più felice per crescere, in una trasmissione di fede passata quasi col latte materno, e poi confermata in una scuola elementare pioniera messa su dai primi giovani del movimento di CL; undici bambini e una maestra nel sottoscala di un oratorio, in una scelta e una sfida: i nostri figli, li educhiamo dentro alla nostra fede.

A casa, una vita spartana. Nemmeno un soldo in mano al figlio adolescente, che non se lo sia guadagnato. Ma, anche, la spinta ad andare, a cercare fuori dalle mura di casa le occasioni per darsi da fare, e per crescere: la sfida ad arrangiarsi, a mescolarsi agli altri e dunque a incontrarli, senza la supponenza di chi può pagarsi tutto. «Quasi un tirocinio missionario», ripensa oggi Matteo, che ha compiuto trentun anni.

L'esortazione ad andare, le fondamenta di una fede di roccia, la passione per il lavoro, sono il patrimonio non comune tramandato a questo ragazzo. Chiaro di pelle, e coi capelli di un rosso che fa pensare ad antiche eredità di quei barbari, che, scavalcate in secoli remoti le Alpi, si facevano più mansueti, ma non meno laboriosi nel fondare i loro villaggi in Lombardia. E potresti immaginarti anche che, crescendo in una eredità de *I promessi sposi* fra pareti così dritte e massicce, diventare grande sia stato un percorso facile e lineare, come di un fiume dal fondale profondo in mezzo ad argini sicuri.

Ma crescere è anche trasgredire, e rischiare, e ritornare solo dopo avere fatte proprie le ragioni dei padri. Matteo a sedici anni scappa di casa. Quel padre tutto d'un pezzo, autorevole e autoritario, pesa troppo a un ragazzo che sta diventando uomo. Occorre almeno simbolicamente abbandonarlo.

Non è necessario andare lontano: basta prendere la Vespa, il sacco a pelo e bussare alla porta di un amico, a cinquecento metri da casa.

E tuttavia, senza dir nulla, senza permesso, Matteo se ne è andato. Il volo fuori dal nido è cominciato, con dietro la biancheria per tre giorni, e i due o tre libri più cari. Solo dopo qualche giorno torna a casa, ad affrontare la bufera. Ma già il mattino dopo è finita, non se ne parla più: «Mio padre aveva un dono impressionante, perché dopo le grandi ire di cui era capace s'alzava, il giorno seguente, e non ricordo una volta sola che abbia recriminato di un fatto accaduto il giorno prima. Aveva una grande capacità di perdono, e di ricominciare, ogni mattina, da capo. Ogni alba, ricominciava un'altra vita».

Il padre, e la montagna, racconta Matteo per spiegare la sua fanciullezza e poi la sua vocazione; e il padre e la montagna assieme, giacché è sempre il padre ad accompagnarlo, ragazzino, nella sua prima via ferrata sul Resegone: «Ero slegato, ma mi sentivo sicuro, perché lui era dietro di me». Senza accorgersi forse di dire qualcosa che un'intera generazione di figli oggi non può più dire, e, nello stesso tempo, di declinare la trasparente metafora del rapporto con Dio. «Mi sento sicuro, perché Lui è con me» è l'essenza del rapporto del cristiano con il Padre. E anche l'andare in montagna è metafora. «La montagna, le Dolomiti in cui andavamo d'estate, è sempre stata per me la percezione di una libertà e bellezza assoluta, e anche di una fatica condivisa con gli amici. Una fatica però inseparabile dall'oggettiva bellezza che quella stessa fatica ci permetteva di conquistare. La cosa – continua

Matteo – che mi colpiva di più era quella meraviglia che ci sovrastava, la ferita che le guglie delle Dolomiti, o il candore accecante dei ghiacciai provocavano in me. Non sono mai andato in montagna da solo. Per la concezione della vita che mi è stata insegnata, l'unico modo in cui riesco a guardare a me stesso è davanti a un altro. La montagna è sempre stata un andare assieme, con la famiglia, con gli amici, sperimentando una fatica di cui valeva la pena, e la voglia di esprimere l'energia che avevo e tuttora ho addosso».

Da tutto questo, come viene fuori una vocazione? All'università Matteo conosce uno pazzo di moto e di montagna come lui. Si chiama Carlo ed è di CL, amico inseparabile a sua volta di Michele, allora seminarista della Fraternità San Carlo. Carlo ha un carisma da trascinatore: ne nasce, per la matricola appena arrivata all'ISEF Statale di Milano dal liceo Carducci, «l'amicizia più forte che abbia mai avuto, la condivisione quotidiana dello studio e della passione, di tutto». E quando Carlo va a lavorare in un istituto per bambini handicappati, Matteo lo segue. Il padre, con la sua lombarda bruschezza, spinge perché il ragazzo trovi un lavoro fisso, ed esca di casa. Un appartamento nell'istituto è l'occasione giusta. Matteo va, ma non è contento. Non c'è una ragazza nelle sue prospettive, o meglio, quella di cui è innamorato lo tratta come un amico.

Le donne, nella storia di questo milanese, sono un capitolo singolare. Quasi il segno di qualcosa di molto bello, e che, tuttavia, non può bastare: come dei volti, che rimandano ad altro. Prestissimo, a tredici anni, ha una ragazzina; ma la lascia per via, dice, di un dolore, «perché avevo la percezione che non esisteva la possibilità che noi due ci volessimo bene per sempre». E poi anche più grande, in ogni incontro, Matteo aveva addosso «come una domanda spropositata», un'attesa talmente grande, che era difficile mettere poi insieme, semplicemente, una storia. Eppure, dice: «Per me il voler bene era la cosa più bella ed entusiasmante della vita. Fin da giovanissimo il fatto che il cuore palpitasse per una compagna coincideva con l'idea che quella persona dovesse essere per sempre per me. Credo che in questo abbia avuto una parte importante la vista dei miei genitori: l'intuizione che o una cosa era per sempre, o non ne valeva la pena. Che dentro qualunque innamoramento, dentro qualunque bene, per meno di una totalità assoluta, per meno di un orizzonte grande, nulla potesse bastarmi».

Ma quando, a un passo dalla laurea, una ragazza che agli occhi di Matteo è perfetta, che ha tutto ciò che lui possa desiderare, gli dice che gli vuole bene, qualcosa dentro lo avverte: nemmeno lei, è per te. «Quello è stato il primo segno che cercavo altro, e di più. Perché, con lei, tutto sarebbe potuto essere bellissimo. Eppure io non ero appagato neppure da questo».

Il giorno in cui quel «non mi basta» diventa coscienza della chiamata è un mattino di Pasqua, a casa di Michele. L'amico racconta i giochi che organizza in oratorio per i bambini: l'assalto al castello, la corrida... giochi, appunto, da nulla, ma Matteo si ricorda ancora «il suo sguardo, che era di una luminosità, di una bellezza, che mi dissi: sarebbe bello vivere come lui, e come i suoi amici, con la stessa pienezza. Da quel giorno, il sacerdozio è diventato un'ipotesi concreta».

Quella del 1998 è una primavera convulsa. Matteo ha fretta ora, fretta di capire la sua strada. Parla con un amico prete e decide di offrire il pellegrinaggio a Roma, nella giornata dell'incontro dei movimenti con il Papa, per avere questa grazia. Roma in quel 30 di maggio è la moltitudine di piazza San Pietro, e l'amico Michele che gli si fa incontro, e lo conduce verso gli altri seminaristi della Fraternità – come il simbolo trasparente, nella mattina di primavera, della risposta tanto domandata. I ragazzi sono accompagnati da Anas, don Antonio Anastasio, quello che a molti fa da fratello maggiore. L'allegria sulle facce, l'amicizia con cui gli si rivolge Anas fa pensare a Invernizzi: ci siamo sempre conosciuti, è come se fossimo amici da sempre.

Matteo non capisce subito cosa gli è successo a Roma, anche se poi parlerà di quel giorno come quello della «grazia del 30 di maggio». «Alla fine di luglio ho incontrato di nuovo Anas. Gli ho detto cosa mi stava succedendo e lui mi ha dato dei compiti, per verificare la mia intuizione: vivere come se questa cosa fosse vera da subito e iniziare a prendere sul serio la preghiera. Poi iniziammo a vederci una volta al mese, pranzando insieme. Cominciavo a sentirmi cosciente della predilezione che Cristo aveva per me. Questo mi inebriava, mi faceva sentire invincibile, tanto che nella casa che allora condividevo con Carlo stupivo tutta la gente nuova che incontravo. Poi mi inorgoglivo di questo stupore che destavo, quasi fosse un mio merito, e ne ero addolorato; imparavo il silenzio quotidiano, per cercare di superare l'orgoglio. Spesso andavo a Roma, in via Boccea, e conobbi don Massimo. Mi affascinò un'evidenza: quel prete che aveva seguito il suo maestro era stato capace di generare a sua volta un'opera come la Fraternità».

Ma, quando s'avvicina settembre, quando è quasi ora di separarsi dagli amici e dall'istituto per bambini dove Matteo lavora, ecco che avverte tutto il dramma del distacco. È il momento di lasciare tutto e consegnare ogni cosa a Cristo, «perché possa restituirtene cento volte di più». E, certo, tutto è vero, ma, c'è, si accorge come all'ultimo, una ragazza, che gli costa abbandonare, più di ogni altra persona. È una, che tratta tutti in un modo eccezionale; è una – dice oggi Matteo – che guardava a ognuno «come io avrei voluto saper fare». Ma parlando con chi gli sta accanto capisce che il fascino di quella donna ai suoi occhi è proprio il suo rapporto col Mistero. Che è innamorato del suo rapporto con Dio, più che di lei stessa. Dietro il volto caro di quella donna, riconosce infine il volto di Cristo. È come l'ultimo ostacolo, l'ultima nebbia che si dissolve. Matteo ha scelto, entra in seminario.

Racconta, infine, delle ore prima di ricevere l'ordinazione, cinque anni dopo, come uno svuotamento, un totale abbandono. «Mi sono detto: adesso non ho più niente da fare, mi rimetto nelle tue mani. Come la certezza che in quello che andavo a fare era Cristo che mi prendeva e mi faceva varcare la soglia». Per dire a tutti come era contento di quello che gli era accaduto, dal giorno dell'ordinazione per due settimane il ragazzo erede delle campagne de *I promessi sposi* vuole dire messa in ogni luogo importante della sua vita: come in un pellegrinaggio, andando a dir grazie. La prima messa è a Roma, dalle Suore della Carità dell'Assunzione, tra le quali Matteo ha una zia che gli è molto cara. «E mi ha commosso – dice lui – dall'altare guardare quelle anziane sorelle che mi avevano visto bambino, loro verso il finire della loro fatica, io che appena avevo cominciato». Nel silenzio della cappella, il rumore della capitale attorno, come un tacito scambio di testimone. «E i miei genitori, seduti davanti a me in quella chiesa, dentro al mistero dell'Incarnazione così grande, che superava me e loro, eppure ci abbracciava. E mio padre, con cui avevo avuto spesso un rapporto così aspro, così cambiato da quando vede in me il sacerdote, come mostrando un rispetto infinito».

Oggi Invernizzi lavora con don Camisasca all'educazione dei seminaristi, e anche di quelli che stanno cercando di comprendere la loro vocazione. Gli capita dunque di dire: «No, per me è meglio che tu non faccia il prete». Dice pensoso: «È un carico grave. L'altro che hai davanti è un mistero infinitamente più grande di qualunque tua possibile intuizione. È come essere su un abisso. Dio ti chiede di essere lo strumento con cui guida la vita di questi ragazzi, ma non poni tu le premesse né le conseguenze – che sono in mano sua. C'è una vertigine di affidamento a Dio, che è una continua domanda».

Come tutti i sacerdoti della Fraternità, Matteo è destinato alla missione. Prima o poi, partirà. Non sa quando, né per dove né chi andrà a incontrare. «Hai fatto quello che volevi fare? Sei felice?», gli chiediamo, allungando la mano a spegnere il registratore. «Assolutamente sì», risponde con un largo sorriso. La faccia chiara da lombardo del lago è di quelle che non potrebbero mentire.

V

SUL SANGUE DEL PADRE

Lei è nato in Uganda. A Tororo, o in un villaggio?

«Sono nato nel 1974 in un paesino non lontano dal lago Vittoria, che si chiama Morikiswa. Eravamo sette fratelli. Io ero il quinto».

Suo padre, che lavoro faceva?

«Lavorava in un cementificio. Quando avevo nove anni, nel 1983, è stato arrestato per motivi politici. È uscito di casa al mattino e da quel giorno non lo abbiamo più visto. Dalla fabbrica ci hanno fatto sapere che i militari erano andati a prenderlo. La mamma lo è andato a cercare in caserma. Lo ha visto da lontano, aveva il corpo ustionato. Era stato torturato. Secondo lei non avrebbe potuto vivere più di pochi giorni. Anche la mamma è stata arrestata, per avere voluto andare a cercare il marito, ma dopo tre giorni l'hanno lasciata andare, perché allattava ancora il mio fratellino. Di mio padre non abbiamo mai più saputo niente».

Agapitus Angii è un giovane nero forte, dall'aria mite. Non riesci a cogliere traccia di rancore nel suo racconto del martirio del padre, ucciso dal regime del dittatore Milton Apollo Obote. Nel silenzio della villa di Siena in cui si svolge un ritiro della Fraternità San Carlo, dove lo incontriamo, le parole della memoria di questa tragedia africana di vent'anni fa suonano ancora plumbee di dolore. Il padre di sette figli sequestrato e torturato, intravisto moribondo per un ultimo istante dalla moglie, che disperatamente ha cercato di riportarlo a casa. L'esplosione del male in una capanna piena di bambini, in un villaggio africano. Che ne sarà di quei figli? Guerriglieri, predoni? Nel silenzio di Siena la veste nera dell'uomo che hai davanti ti colma di stupore. Quel male, dirà la madre di questo prete africano un giorno di molti anni dopo, «davvero è stato per un bene più grande».

Come avete fatto a vivere, dopo la morte di vostro padre?
«La mamma gestiva un piccolo locale, dove faceva da mangiare. Poi ci ha aiutato il nonno, soprattutto dando sostegno e coraggio alla mamma. Avevamo un po' di terra e qualche mucca, ma abbiamo dato tutto via, perché nei primi tempi della prigionia di mio padre la mamma si illudeva che fosse ancora vivo e che potesse essere liberato, e tanta gente veniva a dirle: se paghi, io posso aiutarti. Così abbiamo perso tutto ciò che possedevamo».

Eravate una famiglia cattolica?
«Sì, e siamo andati avanti grazie a questo, perché altrimenti non credo che ce l'avremmo fatta. La mia vocazione è nata nella fede della mia famiglia. Mi ricordo che da piccolo, quando mia mamma mi chiedeva cosa volevo fare da grande, rispondevo: io sarò come padre Wandera. Joseph Wandera era il nostro parroco, morto giovane in un incidente stradale. Gli piacevano i bambini e la gente del villaggio gli voleva bene. Era venuto così tante volte a

casa nostra a trovarci che, quando è morto, abbiamo cominciato a soprannominare, per ricordarlo, il nostro fratello più piccolo "Wandera"».

Il desiderio di essere sacerdote dunque c'era già fin da bambino. Quando era alle elementari, accompagnava la madre a messa al mattino. Si alzavano alle cinque e facevano cinque chilometri a piedi, nella notte africana piena di sussurri che schiariva nell'alba. Agapitus, in realtà, andava soprattutto per stare insieme a sua madre. Ma un giorno lei gli dice: «Sai, occorre sapere la ragione per cui si fanno le cose: per ogni cosa, anche per andare a messa. È importante che tu capisca che si va a messa perché c'è Dio, ed è un Dio buono, che ti aiuterà». «Quando ero anche più piccolo – racconta lui – a me e ai miei fratelli faceva dire il rosario, prima di dormire. Io avevo tanto sonno, e non mi piaceva dire il rosario. Ma mi è rimasto il ricordo lucido, pure in quelle sere di sonno che mi chiudeva gli occhi, in cui lei ci spiegava che l'uomo non è una capra che si accoppia o figlia in mezzo al cortile, ma ha una grandissima dignità. Per questo l'uomo deve pregare, deve affidare la vita a qualcuno di molto più grande di lui: a Dio, che si prende cura di ogni persona, e di ogni faccenda umana».

Per due anni, dopo la morte di quel parroco così amato, la parrocchia di Achilet rimane senza un prete. «E io – riprende a raccontare il ragazzo nero nel silenzio di Siena – mi sentivo come direttamente toccato da questa mancanza, perché eravamo cresciuti così strettamente nell'amicizia con padre Wandera, che l'assenza di un prete mi pareva quasi una domanda rivolta a me: non puoi, tu, fare qualcosa?».

È appena in quinta elementare, quando chiede di potere entrare nel seminario minore della diocesi. Sbaglia il compito di matematica, e non lo prendono. Quando lo sa, piange: «Mi sembrava che si chiudesse definitivamente la porta sul mio più grande desiderio». È una zia, monaca benedettina nella vicina città di Tororo, a spiegare al bambino che esistono anche seminari non diocesani, e che poi lui è ancora così piccolo, e non deve perdere la speranza, ma crescere, studiare e affidare a Dio il suo proposito. Agapitus studia, e sogna di poter andare all'università, ma pensa che i soldi non potranno bastare. La zia gli passa un giorno una copia di *Tracce-Litterae Communionis** stampato in Uganda. Lui legge, ma non capisce molto, tranne il primo articolo, l'editoriale, firmato da un certo padre Tiboni. Quel nome gli resta bene in mente. E quando, per la messa del giovedì santo, va a Kampala, cerca di quel Tiboni, che è, ha saputo, un anziano missionario comboniano italiano.

«È stata una sera strana, quel giovedì santo, i canti belli e mai sentiti prima, molto curati, e la gente, che fuori di chiesa si fermava a chiacchierare, come se fossero stati tutti amici. Si vedeva che era una comunità». Il prete che ha detto messa, che è proprio padre Tiboni, si avvicina al ragazzo nero, solo, e gli domanda da dove arriva, lo invita alla Via Crucis del giorno dopo. Lui va, e ne resta impressionato, perché la processione è seguita da una gran folla. Pare che la città intera cammini dietro

* Mensile del movimento di CL.

quella croce. Il ragazzo di Morikiswa non aveva mai visto una Via Crucis così. Quando la processione finisce padre Tiboni torna a salutare il ragazzo ugandese appena arrivato dalla campagna, e quello lo guarda con uno stupore che non sa bene esprimere: «Perché era come se fossimo già amici da tanti anni, come se lo avessi conosciuto da sempre. Gli ho chiesto se potevo vederlo, ma in realtà la domanda che non osavo fare era un'altra: avrei voluto che fosse il mio padre spirituale. Avevo diciott'anni. Non sapevo cosa dovevo fare di me, se cercare di entrare in una comunità religiosa, o continuare a studiare».

Già, un padre spirituale, o forse, e l'anziano sacerdote lo legge negli occhi al ragazzo, prima di tutto, un padre. La domanda che quel padre rapito, ucciso, tolto prematuramente al figlio, venga in un altro modo restituito. La domanda umanissima di un risarcimento, e che quella ferita venga finalmente curata. Tiboni, a quella preghiera, non risponde. La prima cosa che insegna all'adolescente sperduto, quando si rincontrano, è la preghiera di consacrazione. «Mi ha spiegato che è una preghiera in cui si affida tutta la vita alla Madonna, si dedica ogni cosa a Cristo. Lui, ho poi scoperto, la ripeteva decine di volte al giorno. Gli ho chiesto ancora se poteva essere il mio padre spirituale – e lui non mi ha risposto niente. Gli ho detto che volevo diventare prete – e lui non mi ha risposto niente. Mi ha addolorato, mi è sembrato che mi ignorasse nei miei desideri più grandi. Ma quando ci siamo salutati il suo abbraccio, il modo in cui mi ha salutato mi hanno meravigliato profondamente. Nessuno mi aveva mai parlato in quel modo, nessuno mi aveva mai guardato così, nonostante le proprie preoccupazioni. Di solito, le persone ti ascoltano, ma in testa hanno prima di tutto i loro pensieri. Lui però si interessava alla mia vita, non a ciò che aveva in testa. Sono tornato a casa felice e ho raccontato tutto a mia madre, ho mostrato a tutti l'immagine della Madonna che quel missionario italiano mi aveva dato».

In quell'abbraccio di padre il ragazzo comincia a rinascere, e a camminare. Studia in provincia, a Tororo, ma a padre Tiboni scrive lunghe lettere, sempre insistendo con la sua domanda: voglio diventare prete. Ma, anche quando durante le vacanze va a Kampala a trovarlo, il missionario su questo argomento tace – come non fosse ancora il tempo di parlare. Agapitus ha saputo che, oltre a essere comboniano, Tiboni è legato a CL. Gli chiede che cos'è, CL. «Il movimento – risponde Tiboni – è una vita, ma devi scoprire che cosa è per te, e Dio se vuole ti farà una strada dentro questa esperienza di vita». Lui non capisce, ma fidandosi segue comunque padre Tiboni e un altro missionario molto più giovane della Fraternità San Carlo in Uganda, don Alfonso Poppi. (Segue senza capire, senza avere capito ancora. Un liceale educato al dovere morale della laica autonomia direbbe: mai. Prima capisco, e poi, eventualmente, forse, seguo. In realtà, i bambini apprendono invece dalle madri proprio in quel modo: seguendo, senza ancora capire. I bambini si affidano). «Quando vivevo con questi amici, Tiboni e Poppi, la prospettiva era di affidarmi al loro abbraccio, alla loro amicizia e scoprire cosa Dio voleva da me. Studiavo molto, prima a Tororo, a Mbale e poi all'università a Kampala, a Lettere e filosofia. Perché

Tiboni mi diceva sempre che Cristo ha bisogno degli uomini, e che questo vuol dire anche studiare davvero, perché per servire bene Cristo occorre capire chi, e come si serve. Verso la fine dell'università, finalmente, ho scritto a don Massimo Camisasca, di cui mi avevano parlato Poppi e don Andrea D'Auria, sacerdote della Fraternità, venuto in visita in Uganda. Gli ho detto della mia vocazione. Lui dopo quattro anni infine mi ha invitato a Roma».

È un 2 di settembre, Agapitus quella data se la ricorda bene, quando il suo aereo atterra a Fiumicino. Non è più l'adolescente disorientato di pochi anni prima. Sa cosa cerca, e cosa vuole per sé. «Ciò che mi stava a cuore era di vivere in una comunità di amici che potessero aiutarmi quotidianamente a fare memoria di Cristo. E ogni giorno in più in via Boccea scoprivo che quello era il posto che cercavo – che quella era la mia casa».

Una casa piena di fratelli, e, anche, la casa di un altro padre, ora con una maggiore maturità, ritrovato. E Camisasca nei primi anni di seminario è proprio questo, «il padre che rigenera e porta alla maturità». Finché il figlio, adulto, può andare. Finché non serve più un padre di carne, e il vero padre è Dio. E, la madre? Quella madre intimamente certa che il sacrificio del marito fosse per un bene più grande, il 25 giugno 2005 arriva a Roma per vedere il suo ragazzo che viene ordinato sacerdote. Per lei che s'alzava ogni mattina all'alba e faceva cinque chilometri a piedi per andare a messa, per lei che diceva il rosario in una capanna africana con i suoi sette figli orfani, un figlio sacerdote, a Roma, nel cuore della cristianità. La più grande delle gioie possibili.

Oggi Agapitus Angii è missionario in Kenya. In Africa, ma un'altra Africa, più chiusa, più diffidente, dove la sua lingua ugandese è straniera e sottili differenze somatiche, invisibili agli occhi dei bianchi, lo fanno riconoscere subito come estraneo, altro.

Ma, vicino o lontano, le storie degli uomini si assomigliano sempre. Ci sono ragazzi, in quella parrocchia di Nairobi, che gli ricordano quello che lui era. Come Marxwell, che ha cinque fratelli e non sa chi sia suo padre, e vorrebbe andare all'università, ma non ha vinto la borsa di studio statale. E quindi va in giro qua e là a fare qualche lavoretto, piuttosto solo e piuttosto infelice, ma – dice don Angii – «nonostante tutto ha una gran voglia di vivere, ed è certo che la sua situazione non è una maledizione, ma invece ha nascosto dentro qualcosa di più grande; e questa cosa bisogna scoprirla – se qualcuno ti sta accanto e ti aiuta».

Vorrebbe, il ragazzo di Morikiswa, ritornare in Uganda, essere missionario in Uganda. «Ma ci vuole una casa, perché senza una casa, dove si torna la sera? Quando ho incontrato padre Tiboni io, mi ricordo, sono andato a casa mia e non vedevo l'ora di raccontare tutto ai miei. La casa è il luogo in cui si fa memoria, e da cui si esce nuovamente, il mattino dopo, per dire a molti altri quello che hai in cuore». E quella capanna da cui un mattino un uomo partì e non fece più ritorno, e le torture, e la morte, e la moglie in ginocchio a domandarlo indietro, e quei sette a casa ad aspettare, tutto questo pozzo nero di male ti pesa, è vero, ancora addosso quando saluti il ragazzo venuto dall'Uganda. Ma ciò che ti sbalordisce, ciò che umanamente, razionalmente non torna, se sei uno di quelli che cercano di ridurre gli uomini a chimica, fisica, causa ed effetto, è la pace che ha negli occhi questo prete nero – limpida come il cielo al tramonto, sopra le colline di Siena.

VI

IL DONO DELLA PATERNITÀ

È un milanese di quelli che si sentono dentro un sangue del Sud, come tanti della sua generazione, partorita al Nord da figli o nipoti di immigrati. Il nonno, dice Gianluca Attanasio, era palermitano. Meridionale come quel sacerdote che, quando Gianluca aveva dodici anni, lo trascinò dentro un vivere inaspettatamente pieno e appassionato, in un'avventura che ha deciso della sua vita. Si incontrano per caso quelli che diventano per noi dei padri? L'esplosiva vitalità di quel sacerdote piovuto in una parrocchia di periferia fu ciò che svelò a un ragazzino «timido e chiuso» le sue radici, e il suo destino assieme.

Cinisello Balsamo è un nome che a Milano diceva tutto, negli anni Settanta. Torri uguali spuntate in pochi anni, piccoli appartamenti stipati di quelle famiglie che si vedevano sbarcare all'alba dai treni del Sud, cariche di valige e di bambini. E chiese di cemento armato con l'oratorio e il campetto da pallone accanto, unico presidio di un'umanità sradicata, come indistintamente risucchiata dalla città vorace di manodopera. La famiglia Attanasio, in questo contesto popolare, è già borghese, col papà che fa il rappresentante. Cinisello resta nella memoria come lunghi pomeriggi passati a giocare con un nugolo di ragazzini, tra i cortili di viale Fulvio Testi e l'oratorio, proprio ai margini dell'autostrada per Venezia dove filano auto e Tir in un continuo boato.

Si era cattolici, a casa Attanasio, ma non di quelli delle cascine lombarde, che pregavano prima di mangiare. A dieci anni il bambino chiede alla madre: «Ma Dio, esiste davvero?». E ricorda ancora il «sì» di lei, detto però dopo un istante troppo lungo di esitazione, con qualcosa che le attraversa lo sguardo, fra dubbio, desiderio e speranza. Il breve scambio resta nella memoria del figlio – come ciò che ha alle spalle, come un punto di partenza. Come il marchio d'origine di quella periferia industriale post sessantottina e, dice Gianluca, di una «fragilità di fede ereditata» nel quartiere Friuli, dove la sera ad andare in giro si aveva un po' di paura, e, non bastando più i giochi nei cortili, già le scuole medie diventano un luogo «di totale solitudine»: «Non avevo nessuno con cui parlare».

Quello che viene su, coi capelli scuri e gli occhi chiari e pensosi, è un ragazzo chiuso, che nei suoi silenzi elabora e scompone domande antiche. Che cosa resta di noi, dopo la morte? E di un'amicizia finita, che cosa rimane? Questioni non dicibili nel frastuono di una scuola di periferia di quegli anni, fra il chiasso dei compagni e gli insegnanti indaffarati a finire in qualche modo il programma.

Ma, appunto, i dodici anni di Attanasio sono l'arrivo in parrocchia di don Giustino. «Era un convertito – racconta – uno arrivato a trentacinque anni al suo primo incarico, dopo aver vissuto sempre per strada e nei bar». Con tutta la forza e la passione del convertito, che ha capito tardi, ma ora irradia la fiammata che lo ha investito. E, straordinariamente simpatico: «Con lui ci si divertiva da morire». È un fascino, è una gioia conquistante quella con cui il prete del Sud contagia gli adolescenti. Come una meteora atterrata nell'oratorio fra le nebbie e l'autostrada. Con una fede non estranea al vivere e al ridere – una fede che c'entrava sempre, con ogni momento della vita. Il ragazzo mezzo siciliano e mezzo lombardo, cresciuto nella tacita speranza di un Dio che forse c'era, s'innamora di Cristo, incontrato nella faccia di un prete. E, come ci si ricorda del primo istante in cui si incontra una donna, Attanasio ricorda netto l'attimo in cui riconosce chi ha davanti. «Eravamo a Folgarida, c'era la neve. Nel bosco tutto bianco stavamo cantando una canzone. Io, in quel momento, sono stato certo di avere incontrato Cristo».

A dodici anni, c'è chi ha già deciso. Senza capirlo, magari senza nemmeno intuirlo, ha già infilato lo scambio che lo porterà verso il suo destino. È la gioia singolare nel recitare all'alba, in campeggio, gli inni delle trappiste di Vitorchiano, seguendo la voce di don Giustino. «Nel primo chiarore del giorno» – ancora oggi, nel seminario della Fraternità San Carlo, di cui è rettore, don Attanasio comincia così la sua giornata, venticinque anni dopo.

Il grosso gruppo di ragazzi segue ovunque il sacerdote, ogni sera si ritrova puntuale davanti alla chiesa, alle sei, e non manca mai nessuno. C'è sempre qualcosa da fare, da inventare, magari salire in venticinque sul pulmino, col prete che andava sgommando nel cortile. «Era uno che faceva le sciocchezze che facevamo noi», sorride Gianluca. «Uno come noi, in mezzo a noi, ma forte di una fede incrollabile in Cristo». E dalla «fragilità ereditata» nel quartiere Friuli l'adolescente passa alla certezza di quelli che hanno visto, e sperimentato.

Ma è, come spesso accade, quando l'amico manca – improvvisamente spostato da quella parrocchia a un'altra – che chi rimane scopre cosa ha ricevuto, e quanto dolorosamente sente quel vuoto. Soli all'improvviso, come orfani a sedici anni. Smarriti dall'abbandono, i ragazzi si accorgono che si può essere amici quanto si vuole, ma senza sapere chi seguire non si sa dove andare. Attanasio, che ormai ha sedici anni, capisce allora quanto è importante un sacerdote. Quanto è necessario in mezzo alla gente. Per la prima volta, l'idea della vocazione si fa strada. Lo stesso amico prete gli dice che è presto, che deve finire le scuole. Il pensiero, però, ritorna, fra i banchi, nella vita di un ragazzo apparentemente come gli altri.

La vocazione, scopre, è un'idea che torna fuori in modo prepotente. «Qualcosa che ti si impone. Non è un'idea tua. Non è un progetto, che ci si prefigge da sé. Nell'imminenza dell'università, sono andato a parlare con don Giorgio, il sacerdote responsabile di GS. Nel momento stesso in cui ho deciso di parlare di ciò che avevo in mente, ho vissuto un'esperienza di felicità totale e di certezza. Come la conferma di essere stato chiamato: una percezione di certezza così grande, che non c'entra niente con l'esperienza che puoi avere sui tuoi progetti. Per esempio: io mi sono innamorato tante volte, da ragazzo, ma la certezza della vocazione è qualcosa di molto più forte. Quando tornai da quell'incontro con don Giorgio avevo una certezza della presenza di Cristo, del suo essere dentro la mia vita, così grande, che mi dicevo: io potrei morire domani, e questo non mi farebbe paura. Come in quella vacanza a dodici anni. Ma più forte ancora».

Consacrarsi è lasciare tutto. Sospesi nella scelta, quel tutto da lasciare non costa? Attanasio sorride, pensa. Non deve essere una risposta semplice. Sceglie di raccontare con calma. «Finita la scuola mi sono iscritto a Filosofia alla Cattolica di Milano. Ero affascinato dalla filosofia e, a quel tempo, don Giussani insegnava ancora in università. Quanti eravamo di CL in facoltà? Forse in cento. Tanti venuti dal Sud, di una simpatia trascinante. Ci si divertiva molto. "Non bisogna mediare il cristianesimo con interpretazioni culturali", ci dicevamo con sussiego, e così di certo non ci ammazzavamo sui libri. Però si andava a messa tutti i giorni. Quando abbiamo scoperto che nella vicina chiesa di San Maurizio la messa durava solo un quarto d'ora – un record – ci siamo riversati tutti lì. Anni belli, e amicizie molto grandi. Mi sono accorto che nessun chiamato è solo: altri sono chiamati accanto a te nella stessa vocazione. Tra futuri seminaristi e *memores Domini* solo a Filosofia in Cattolica eravamo sette o otto».

«E poi?», domandi. «Poi, è successo che mi sono innamorato». «Ah» – fai, superando quel po' di imbarazzo per cui questa parola davanti a un uomo in tonaca nera ti meraviglia, come fosse indicibile. «E dunque?».

«Beh – spiega Attanasio, con la tranquillità di chi non ha paura delle parole, e ha fatto bene i conti con se stesso – se uno è normale, prima o poi si innamora. Non è un'obiezione alla vocazione, l'innamorarsi. Ma il fatto è che Dio, se ti dà la vocazione, ti fa percepire qualcosa di più forte dell'innamoramento. Dio è più forte di ciò che trovi in una donna, ma ciò non toglie che ti puoi innamorare. La bellezza delle donne, la vedi ancora. Ho capito tante cose, innamorandomi. Ho capito che cosa è amare Cristo, anche per il fatto di essermi innamorato: ho percepito che cosa vuol dire che tutta la propria affezione possa essere per qualcuno. Ho capito che la mia scelta avrebbe comportato dei sacrifici, ciò che non avevo saputo davvero prima. Ma con tutta la mia vocazione, ciò che mi ha aiutato a non cambiare idea è stato di non essere solo, ma in mezzo ai miei compagni di università».

E dunque arriva il giorno in cui Gianluca laureato, maturato, arriva davanti a don Massimo Camisasca, superiore della Fraternità San Carlo. Ormai si sente sicurissimo. Nemmeno l'ombra di un'esitazione, una certezza adamantina. Va bene, vieni qui il primo di ottobre, dice Camisasca.

È fatta. La porta del seminario è aperta. Il destino è deciso. Ma, alle tre della notte seguente Gianluca si sveglia di soprassalto, sudato, ansimante. «Una crisi di panico. La prova più dura della mia vita. Cosa lasciavo davvero? I miei amici. Ma anche: mia madre e mio padre. Non mi ero mai accorto di quanto ero loro legato. Come avevo potuto non vedere tutto quello che dovevo abbandonare? E la missione che mi aspettava... In quella notte angosciosa, come in un film, ho iniziato a vedermi trucidato in Africa, o disperato nelle nevi della Siberia. Una paura nera. Sudavo. Sono sempre stato pauroso, ma prima di entrare in seminario è stato terribile. Notti in bianco per tre mesi, perseguitato dall'idea di terribili martirii. Non riuscivo più a studiare. Ho intuito, però, che la sfida era totale. Se mi tiravo indietro, mi sarei tirato indietro dalla vita. E sono partito lo stesso».

«Come sono stato in seminario – continua Attanasio – mi sono sentito felice. Più nessuna paura. Basta africani selvaggi, di notte. Come se tutto fosse passato, avendo deciso la cosa fondamentale. Essendomi finalmente affidato».

Si pensa sempre che ai preti manchino le donne. Ma il silenzio dei corridoi della Fraternità San Carlo, se sei abituata al rumore di una casa piena di bambini, ti porta a domandarti se la paternità, il lasciare segno vivo di sé, non manchi. Attanasio: «Di quello, inizio ad avere percezione solo ora, a trentanove anni, non certo da ragazzo, quando sono entrato. Ora, capisco. Ho letto Platone: gli uomini mettono al mondo figli per non morire. Adesso comincio ad avvertire un senso di paternità verso i seminaristi che mi sono affidati – prima, ero solo il loro fratello maggiore. E capisco che qualcosa che va oltre me stesso è necessità vitale. Comincio ad avvertire la paternità spirituale. Mi trovo, senza averlo progettato, a essere padre di alcuni ragazzi. Vedo come certuni mi guardano, come ascoltano quello che dico, e ho dovuto cominciare a ripensare a come parlo. Ti accade il miracolo di persone che si riconoscono tuoi figli: e questo non ha niente di meno della paternità carnale».

Il ragazzo di Cinisello ha ereditato, insieme al sangue del Sud, occhi chiari e ironici, ma buoni. È uno di quei preti, benché giovane, a cui viene voglia di dire ciò che sei davvero. Di domandare ciò che non si usa domandare – se proprio tutto è vero, di ciò in cui vogliamo credere. Sapendo già, in quello sguardo, di trovare una risposta certa. Non buone parole, o un'abitudine quieta. Ma il «sì» di chi quel Dio a tanti nascosto l'ha incontrato.

VII

IL RAGAZZO CHE SUONAVA IL JAZZ

Arcinazzo, 1800 abitanti nelle campagne di Subiaco. I primi anni Settanta. Mario è figlio di un impiegato dell'Aeronautica e di una casalinga. Fin da piccolo lo mandano in chiesa. Lui serve messa e gioca all'oratorio, ma poi ogni tanto, senza apparente ragione, da quella compagnia si allontana. Il parroco, don Giuseppe, ogni volta lo va a cercare e lo convince a tornare. Quel ragazzo magro, mai fermo, irrequieto, va, viene, oscilla, come in bilico fra l'ansia di qualcosa che ancora non sa e una tradizione cattolica che non basta a tenerlo legato. Quasi per gioco, o forse per sganciarsi dai suoi, fa un concorso dell'Aeronautica. Vince, lascia il paese per studiare. A Roma è a soli ottanta chilometri da casa, ma in realtà va parecchio più lontano. Roma, a vent'anni, è tirar tardi la sera suonando jazz con gli amici, Roma è uscire con le prime ragazze, mentre ciò che ricordi del cristianesimo impallidisce, e ne resta poco più di una rete di divieti, che ormai ti vanno stretti. Roma è nuovi amici, e nuovi libri mai letti. Mario scopre Nietzsche, e si allontana ancora un po' dall'oratorio di Arcinazzo. Don Giuseppe è partito, e non c'è, questa volta, chi lo richiami indietro. Gli resta, della tradizione cristiana, l'abitudine all'impegno: politico, con la DC del paese, e sociale, in un centro contro la droga. Dice lui, ora: «Facevo del bene, ma solo per un umanitarismo. Per me lo facevo, in fin dei conti. Voler salvare il mondo, o un pezzettino di mondo, come una forma nascosta di egoismo».

Poco oltre i vent'anni, comunque, ha già ottenuto molto: ha vinto un concorso, fa un sacco di cose e tutte gli riescono. Dalla Chiesa se ne è andato perché la fede ricevuta gli è parsa a un tratto estranea alla realtà, schema rigido di doveri e di «no». Mentre la vita, a quell'età, si mostra colma di cose belle in cui buttarsi. Non è forse la storia di molti? Quanti ragazzi venuti su in oratorio, nel confronto con la prima libertà, quando la vita pare a portata di mano non trovano più la ragione di una fede ridotta a «valori», etica, buone e giuste parole – nulla che pesi quanto la gioia di un'estate da vivere, a vent'anni. La storia di Mario Follega, fino a un certo punto, è comune a molti. L'imprevisto, è ciò che lo porta, quando la data delle nozze è già fissata, a fermarsi e capire che sta sbagliando tutto. L'imprevisto, è che il maresciallo dell'Aeronautica, il suonatore di jazz nottambulo nei locali di Roma, oggi sia un sacerdote.

Tutto comincia con un prete nuovo sbarcato nella parrocchia di Arcinazzo. Che, appena arrivato, in un incontro con i ragazzi se ne viene fuori con questa frase: «Tra di voi ci sono alcuni che sono amici, altri che sono fidanzati, ma se questi rapporti non sono vissuti in Cristo, sono rapporti falsi». Mario, che ascolta, si imbestialisce per quella che gli pare la provocazione integralista di un prete di CL. E con quel don Paolo atterrato nella sua Arcinazzo, va avanti a litigare furiosamente per mesi. E tuttavia, sotto sotto, è punto nel vivo da quella sfida – come se ci avesse intuito dentro un fondo di verità, e del coraggio. Agli Esercizi spirituali di CL a Rimini, dove il prete lo invita, Mario non capisce nulla di ciò che sente: «Ma rimasi affascinato da quella marea di ragazzi che stavano lì per Cristo, e sbalordito dal loro silenzio, alla fine dell'incontro. Mi dissi: o questi sono matti, o qui c'è qualcosa di vero. Da lì ho cominciato a frequentarli, soprattutto don Andrea D'Auria e Anas, cioè don Antonio Anastasio, che era allora il rettore del seminario della Fraternità. Dall'amicizia con loro è venuto il mio riavvicinamento alla fede, dopo quattro anni che me ne ero andato».

Intanto, la vita di Follega sembra procedere senza tentennamenti verso gli obiettivi degli altri della sua età. Ha un lavoro all'Aeronautica, ha una ragazza da tre anni. Fa un mutuo, compra la casa. C'è tutto: si parla di matrimonio. Tuttavia, lui continua a covare in fondo a sé, quasi non detta, una strana inquietudine – come se non fosse, davvero, tutto a posto. «Già – dice scettico l'amico e padre spirituale don Andrea – tu, quando devi concludere qualcosa, te ne inventi sempre una. Falla corta, fissa la data per le nozze».

Ma quando la data è stabilita come un punto fisso, come termine scelto e decisivo, proprio nell'urgenza delle settimane che passano e avvicinano a quel giorno la vocazione esplode.

Un desiderio chiaro, ineludibile. Mario inizia ad affidare l'idea del sacerdozio a Cristo nella preghiera quotidiana. Travolto e sbalordito da quel pensiero che gli si affaccia prepotentemente davanti, esita a parlarne alla fidanzata. Ma non riesce più a guardarla in faccia, e non ce la fa a tacere.

«Avevo una paura incredibile nel dirglielo, paura di farle del male. Ma lei mi voleva veramente bene, perché ha avuto una statura umana impressionante. Mi ha detto semplicemente: "Io non posso mettermi in competizione con Cristo. Se questa è la tua vocazione, devi andare". Mi ha dato una grande dimostrazione di amore».

E per la prima volta Follega si sente veramente libero – libero di essere ciò che è veramente, di diventare ciò a cui è davvero chiamato. Libero, e con un sacco di guai. La casa appena comprata, e il mutuo da pagare. Il padre, che all'annuncio commenta: «Ho sempre saputo che eri un pazzo». Cento problemi, un lavoro sicuro da lasciare per quell'incognita ardita che gli si apriva insieme alle porte del seminario, a trent'anni compiuti. «Già – dice – perché io avevo trent'anni, trenta. Il Signore è stato veramente misericordioso ad aspettarmi per così tanto tempo». Riprende forza, con la scelta fatta, il ricordo di un viaggio in Perù, dove il vecchio parroco don Giuseppe – quello che lo andava sempre a ripescare fuori dall'oratorio – è andato in missione. «Laggiù avevo scoperto la povertà estrema di quelle montagne, e il fascino di testimoniare Cristo fra dei paesini lontani da loro tre giorni di cammino, in mezzo alle Ande». E quel viaggio ora diventa segno anticipatore, profezia al momento non compresa, e finalmente chiara.

«Poi – sorride – a volte penso che Dio con me si sia divertito. La mia prima destinazione missionaria è stata Frosinone; Frosinone, capisce, a cinquanta chilometri da casa. Quando l'ho saputo, in ginocchio davanti al Crocefisso gli ho detto: "Tu ti diverti, con me!"».

Polemico, indocile ancora come da ragazzo, ci mette un po' a comprendere che cosa sarebbe stata quella città per lui. Capisce nel momento in cui conosce lì una ragazza malata di cancro, che accompagna fino alla morte. «Ho imparato tantissimo da lei. Per la prima volta nella mia vita ho capito davvero cosa significa "sacrificio". Sacrificio, è accettare la volontà di un Altro. Pure chiedendo, come abbiamo chiesto insieme fino all'ultimo, il miracolo della guarigione, perché aveva due figli ancora piccoli, non l'ho mai vista ribellarsi a ciò che Dio le chiedeva. Per me quella ragazza è stata una lezione di fede indimenticabile: ho visto in lei il sacrificio incarnato. E non dimenticherò nemmeno il giorno delle prime comunioni a Frosinone, quando davanti ai bambini pronunciavo: "Il corpo e il sangue di Cristo". Dentro a quelle parole ho capito profondamente la mia vocazione: fare conoscere Cristo. In questa missione a cinquanta chilometri da casa, che all'inizio mi aveva disorientato, ho avuto, ubbidendo, le risposte che cercavo. Io ho sempre fatto una grande fatica nell'ubbidire; ma ho capito che nell'ubbidienza c'è un "di più". Tanto che nello stesso essere richiamato da chi ti guida c'è una bellezza: nel richiamo scopri che qualcuno ti vuole bene, ed è attento alla tua vita. C'è un urto, nel prendere quello che sembra uno schiaffo, ma subito dopo c'è l'abbraccio, come tra un figlio e il padre».

Guardi Mario Follega, gli vedi addosso ancora i tratti del ragazzo di successo che è stato («ogni cosa che facevo, mi riusciva»). La sua scelta, sta anche in quella parola, «ubbidire» – che nella cultura di oggi ha assunto una valenza umiliante, di sudditanza, di sottomissione gregaria. Lo scoprirsi figli contro l'autonomia orgogliosa, è la conquista di questo giovane prete.

In fondo in quegli anni di jazz e amici e notti romane, come un filo sottile di insoddisfazione emergeva al momento di tornare a casa la sera, e tirare le somme della giornata. Come se tutte quelle cose non corrispondessero pienamente a ciò che attendeva, e solo ora Mario avesse trovato invece ciò che cercava. E alle donne, domandi, non costa fatica rinunciare? «Quando ero da poco entrato in seminario sono andato a mangiare una pizza con don Andrea d'Auria. È entrata una bella ragazza, e a me è venuto spontaneo guardarla. Ho detto al mio amico: "Vedi, come l'istinto resta sempre lo stesso". E lui mi ha risposto che non era di questo che dovevo farmi un problema. "Pensa, piuttosto, se al posto tuo ci fosse Cristo, come guarderebbe quella ragazza?". Ho capito che la questione era educarsi a un altro sguardo, a guardare con verginità non solo le donne, ma i soldi, o il potere, ogni cosa».

Che vuol dire guardare con verginità?

«Vuol dire guardare a una persona avendo a cuore il suo destino, quindi nella sua interezza, e non fermandosi a quel particolare di cui ci viene voglia di appropriarci. È uno sguardo che si impara domandandolo, pregando».

Hai fatto ciò che desideravi. Hai trovato ciò che ti aspettavi?

«Ho trovato di più, perché io, che ho sempre da ragazzo seguito quello che avevo in testa, finalmente cammino su una strada che non ho tracciato io. E finalmente è la libertà: la felicità l'ho trovata, seguendo ciò che Cristo mi domanda. Ora, l'alzarmi al mattino ha uno spessore diverso. Quando da giovane facevo del volontariato, o, diciamo, del bene, in fondo, l'ho detto, lo facevo per me stesso. La risposta che porto invece oggi è Cristo, e l'ultima parola sul mondo non è né il mio limite né il mio peccato, ma è Cristo. Io ora so questa misericordia sulla mia vita, da cui sono continuamente perdonato e abbracciato. Soprattutto quando mi confesso e domando perdono per la mia distrazione continua, o perché anche da prete continuo ad affermare me stesso».

E confessare gli altri, invece, com'è?

«È una cosa bella e drammatica, perché, così come sento un dolore lancinante per il mio limite, anche ascoltare il male degli altri non mi è mai indifferente. Per questo ho assolutamente bisogno, dopo aver confessato, di mettermi in ginocchio per affidare tutto nelle mani di Cristo. Ho imparato che io non posso pretendere di portare tutti i problemi di chi mi domanda aiuto: non è possibile. Quello che posso fare invece è accompagnare le persone, amandole e stando loro vicino, mostrando che anche attraverso la mia presenza Cristo è loro vicino».

Un sacerdote che prescindesse da Cristo potrebbe essere anche annientato dal male che ascolta?

«Io vedo un doppio pericolo per noi. Il primo è di cadere nel cinismo, difendendoti dal male dell'altro e lasciando che ti scivoli addosso. Questo però non può accadere finché ti ricordi che nessun incontro è casuale, e che qualunque uomo ti venga davanti ti è mandato da Cristo».

E l'altro rischio?

«L'altro è che se manca la preghiera non ce la fai, crolli. Ciò che è più importante per un prete è la preghiera. È stare in ginocchio. Io sono un niente, ma voluto da Cristo, che mi ha mandato nella sua battaglia. Ciò che più mi aiuta a ricordarmi di questo è lo stare in ginocchio davanti al Crocefisso».

Ora il padre sei tu. Ma come si fa a diventare «padri»?

«Camisasca dice che non si può essere padri, se non si è stati generati. Non si è padri, se non si è avuto un padre. Nel rapporto con don Massimo ho anche riscoperto il rapporto con mio padre, col quale ero sempre stato distaccato. E mi ha impressionato l'anno scorso una telefonata di mia madre – una donna semplice ma forte, che non ho mai visto piangere. Aveva dei problemi, e io ho imparato con stupore di potere essere, oggi, padre anche per lei. La questione del padre mi torna in mente ogni volta che ho davanti i ragazzi del catechismo. Ciò di cui mancano sono i padri, e le madri. Quando chiedo a chi, in casa, fanno riferimento mi rispondono, quando va bene, la nonna – altrimenti la televisione, o la *playstation.* L'altro giorno ho incontrato cento genitori e ho chiesto quanto tempo passano con i loro figli. Sono rimasti zitti. Adesso, in parrocchia, sono i bambini che portano i genitori a messa, a quella delle dieci del mattino, e i genitori protestano perché almeno la domenica mattina vorrebbero poter dormire. Ma è uno spettacolo vedere questi bambini condurre i padri e le madri in chiesa, e credo che queste famiglie stiano riscoprendo Cristo attraverso i loro figli. E insegno loro a pregare insieme, anche se sono restii, o spesso si vergognano, come ci si vergognerebbe di una eccessiva intimità. E però nelle coppie che pregano insieme c'è un cambiamento radicale. Per quanto si litighi, alla fine della giornata riaffidi te stesso e i tuoi figli a Cristo. Capisci che i figli non sono tuoi, ma di Cristo. Solo dentro la preghiera lo si capisce davvero».

«Penso sempre – dice ancora – che se io smettessi di pregare, rischierei tantissimo. È il grande rischio dei preti. Sono grato a Dio di essere prete in una Fraternità in cui ogni mattina ho accanto in casa due persone che mi ricordano il motivo del mio essere al mondo – l'essere qui per Cristo. Mi immagino quanta fatica possa fare un prete quando è solo, carico dei problemi suoi, e degli altri. Noi mangiamo assieme, parliamo, si divide il peso, si sdrammatizza – in un'amicizia, che è il segno della vicinanza di Dio per me».

VIII

UN MISTICO A MILANO

È un ragazzo pallido, austero, l'aria di chi è venuto su sui libri cercando qualcosa che nella compagnia dei coetanei non riusciva a trovare. Viene da una famiglia cattolica. Da una madre e da un padre che ogni domenica andavano a messa. Poi, come in molte delle nostre case, era un Dio ai margini delle fatiche di ogni giorno. Tanto da lavorare, e stanchi la sera, così che Dio lo si può tirar fuori giusto la domenica mattina, per andare in chiesa. Un Dio che non c'entra, tranquillo nel suo angolo, un innocuo rito: come l'abito buono della festa, che si ripone, salutati gli ospiti. Tanto che nei momenti di amarezza il padre in quella casa diceva al figlio bambino: «Alessandro, guarda, va' a fare il prete...». Come a significare: non vale la pena di vivere, tant'è, rinuncia a tutto. Fai il prete, almeno scappi da questo brutto mondo.

Va' a fare il prete, ragazzo mio, ché tanto la vita è così poco. Strano, il destino di un ragazzo borghese, solitario, cresciuto tra la messa della domenica e il ragionevole cinismo dei giorni feriali, almeno fino a quando una disgrazia lacera la casa, e lascia padre e figlio più soli. Strano perché, prete, quel figlio lo è diventato davvero. Non per scappare, ma per innamoramento. Innamorato di Cristo tanto da lasciargli carta bianca: prete, come e dove tu mi vuoi. È missionario a Budapest, nel cuore secolarizzato dell'antica Mitteleuropa. E la sua storia è di quelle che lasciano intravedere il mistero delle nostre scelte, non riducibile alle circostanze, ai luoghi in cui nasci, non linearmente deducibile dall'aritmetica somma delle premesse. Ci sono fiori che, a seminarli in un bel giardino, non spuntano. Poi passi lungo una roggia e li vedi, venuti su fra i cespugli, selvatici. Ci sono fiori che nascono dove e quando vogliono – o forse, dove vuole Dio.

Alessandro Caprioli è nato nel 1975 a Milano. Figlio unico, lo mandano d'estate al mare con le colonie aziendali e lui ha una gran nostalgia di casa. In chiesa si canta una canzone che dice: «Esci dalla tua terra e va'...» e il bambino, a sei anni, resta a pensare a quella storia di Abramo che se ne va abbandonando tutto per obbedire a Dio. Sa già quanto pesa la nostalgia degli affetti, e si immedesima: partire, è come quando si va al mare con la colonia, è quel vuoto, quando si lasciano le persone più care. Eppure, avverte la fascinazione di qualcosa di più grande che quel distacco, la promessa di quel Padre più grande che promette: io resto con te, non temere. «E questa idea di andare lontano per seguire Dio mi faceva paura, però capivo che era una cosa grande, di cui valeva la pena. Credo di averla chiesta a Dio, come la può chiedere un bambino».

Quell'attimo di slancio, quella precoce intuizione della gioia di un darsi totale non vengono colti da nessuno, a casa, a scuola. Non si prende sul serio ciò che pensa un bambino di sei anni. E tuttavia, in questa storia è come se Dio, quelle parole, non le avesse scordate. È un Dio importante, quello disegnato nei pensieri di Alessandro. Il Dio di sua nonna, prima che quello della domenica a messa. Perché i primi anni dell'infanzia sono accompagnati da questa donna anziana – altra generazione di cristiani. Il nipote non sa ancora parlare e lei già lo mette a letto recitando le preghiere. «Ho imparato a parlare con quelle parole», dice Alessandro. «E prima di dormire, quando ero un po' più grande, pensavo, cioè mi soffermavo su quelle preghiere. C'è stata una sera, a forse sette anni, in cui dicendo il *Padre nostro* ho vissuto un'esperienza di gioia, di trasparenza così evidente che ancora me la ricordo adesso. Cristo parla anche ai bambini. Mi sono sentito amato, e come trapassato dalla sua presenza. Era, se avessi dovuto descriverlo, luce».

Passano dieci anni. Ora è un liceale. Ma la presenza toccata con mano in una sera dell'infanzia non è stata dimenticata. Leggendo il Vangelo è come se continuasse a inseguire quello che aveva incontrato, come per un dono singolare, da bambino. Cosa diceva Cristo, come guardava gli uomini, che cosa prometteva? L'adolescente taciturno è tenace nel suo cercare. Sa già, ha provato che ciò che cerca c'è davvero, non ne può dubitare. E Cristo diventa «un'esperienza di assoluta certezza, un momento di fuoco. La certezza che noi siamo salvati da qualcosa che è accaduto nella storia. La coscienza che Lui è vivo, e che nessun peccato può essere più forte di Dio, nel momento in cui ci si affida a Lui».

«Fuoco», dice Alessandro, e viene in mente la folgorazione di Pascal nei *Pensieri*: «Fuoco, fuoco, fuoco», come la sola parola che possa dire cos'è, Cristo, se per un attimo si lascia sfiorare. «Fuoco», è il linguaggio dei mistici, di chi arriva, per grazia, a vedere. Da solo, come in risposta a una mendicanza tenace. Ma, dice Caprioli, «col passare del tempo Cristo mi ha fatto cercare la sua carne nella Chiesa. Perché lo Spirito tocca gli uomini come vuole, ma la verità di ciò che hanno visto emerge nell'adesione alla Chiesa. Altrimenti sarebbe il protestantesimo, che separa l'esperienza personale, anche intensa, dalla storicità di Cristo».

Erano i mesi della guerra del Golfo. «Mi rendevo conto di quanta sofferenza la guerra avrebbe portato a quei popoli e ai loro figli. Ho pregato la Madonna: "Se vuoi, togli qualcosa a me per confortare anche uno solo di quei bambini". Dopo due mesi mia madre è rimasta paralizzata da un ictus. Io mi ricordo quando l'abbiamo portata in ospedale in ambulanza, incosciente. Mio padre era disperato, piangeva. Io, era come se avessi avuto lo sguardo fisso al Crocefisso, che è segno di resurrezione. Senza negare nulla del dolore di quello che accadeva, non sono stato disperato per un istante».

Continua in una più grande solitudine la vita di quella famiglia borghese. Le disgrazie fanno paura, i conoscenti si allontanano. Quel ragazzo di sedici anni troppo solo scopre che «quando ti è tolto tutto, ti devi legare a qualcosa che non passi. Così mi sono avvicinato alla mia parrocchia, ho conosciuto i preti del movimento di CL. Non sapevo neanche cosa fosse». E li sentiva parlare di comunione e di *agape*, e però faticava a entrare, lui taciturno, lui abituato a cercar Dio da solo, in quell'essere insieme. Allora Alessandro prega: «Sia fatta la tua volontà», dice, aprendo con la sua libertà uno spiraglio di possibilità a quell'adesione. «E ho visto che è successo qualcosa. Non è stata una cosa grande, o entusiasmante. Però ho continuato a frequentare quelle persone, e alla fine il movimento è diventato la mia casa».

La laurea in economia, il master in Bocconi. Caprioli studia, ma non elude, lui radicale nell'animo, la domanda radicale che gli si pone. «Mi sono chiesto: cos'è che più di tutto mi affascina, qual è la cosa più bella che ho incontrato, che cosa davvero mi corrisponde? È Cristo. Dunque, sarebbe una menzogna se non dessi la mia vita per lui». E quando, poco tempo dopo, dal movimento gli propongono di andare a studiare all'Università Lateranense, lui lo prende come uno di quei segni di cui non dubita. Va, e incontra quelli della Fraternità San Carlo. Domanda di entrare e viene accolto. Parla di questo approdo brevemente, come di una cosa semplice, dell'unico esito possibile di una storia cominciata da molto lontano. Dubbi, mai? «No. Ci sono momenti in cui la coscienza è più o meno nitida, e la libertà è più o meno pronta, ma da quando sono nella Fraternità ho potuto dire a me stesso, qualche volta: sto dimenticando la presenza di Cristo, oppure: non ne sono all'altezza. Mai, però: non è stato vero».

Un sacerdote è chiamato, è un prescelto, uno a cui è chiesta tutta la vita. Un preferito? C'è un orgoglio, in questa elezione?

«C'è un orgoglio. Non una superiorità: una gioia. È umano. Pensi a un gruppo di ragazzi. Passa una bellissima donna e fra i tanti guarda te e si innamora di te. Sarebbe una menzogna dire che non è giusto, che siamo tutti uguali. Se quella donna guarda me, la prima, umana reazione è la gioia:

"Ha scelto me". Non si può, per una squallida idea di egualitarismo, trattare tutti come fossimo tutti uguali, negare la meraviglia di ciò che è accaduto. Certo, un istante dopo ti porrai il desiderio che quanto hai avuto in dono sia condiviso».

Aveva deciso di essere prete, ma che la Fraternità San Carlo fosse missionaria lo ha scoperto solo al colloquio di ingresso con Camisasca. «Non lo sapevo – dice semplicemente – ma ero nell'animo di una disponibilità assoluta. Dicevo: Dio, fa' di me quello che vuoi. Missionario? Va bene, mi sono detto, non c'è nessun problema».

Così che da due anni è a Budapest. Posto difficile. Un mondo dissestato, una Chiesa impaurita e depressa, una lingua impossibile. Sono in due nella casa della Fraternità, ed è moltissimo essere in due: «L'altro è la presenza che ti ricorda da dove vieni, e perché».

Attorno, un Paese profondamente scristianizzato. Uomini e donne travolti dal socialismo reale prima e da un nuovo avido consumismo, poi. Pregiudizi, silenzi, sarcasmi contro i sacerdoti. In questa ostilità, straordinario è che un ragazzo, fra i tanti, ti segua; che uno fra i tanti, come risalendo all'inverso la corrente, chieda d'essere battezzato. «Mi è stato fatto già nel primo anno a Budapest il dono miracoloso di essere padre di alcuni ragazzi. Ero ancora solo diacono, e giovane, e inesperto, ma con tutti i miei limiti è stato un dono grande, e un incoraggiamento. Fosse pure anche per uno solo che si converte, è valsa la pena di venire fin qui. È valsa la pena di dare tutta la vita».

Come è possibile amare degli uomini con cui a stento ti comprendi, e che guardano con sospetto o ironia alla tua fede? Alza le spalle: «Amare, è prima di tutto un giudizio. La mattina a Budapest vado dalle suore di Madre Teresa di Calcutta a dire messa per loro e per alcuni *clochard* che assistono. Amare, è portare lo sguardo di Cristo: testimoniare a quegli uomini che ciascuno di loro è voluto da Cristo. La somma forma di amore è annunciare Cristo, non portare una povera carezza».

Alessandro, cui il padre gravato dalla fatica della vita diceva amaro: «Massì, va' a fare il prete», è un sacerdote per le strade di una città lontana. Un italiano andato a vivere laggiù, dove tanti sognano di scappare verso l'Occidente. E qualcuno lo guarda e forse si domanda perché mai uno dall'Italia debba andare a immischiarsi con gli smarriti e perfino i *dropout* dell'Est. A che si debba, questo andare contromano. Ed è già una domanda – come un seme sparso per le strade di Budapest.

IX

UN CENTROCAMPISTA ALLA ORIALI

Giocava da centrocampista. Grintoso, aggressivo, alla Oriali. Aveva cominciato a dieci anni. A dodici, gli allenamenti della squadretta coincidevano col catechismo per la Cresima. «Andrea, scegli – gli disse l'allenatore – o Gesù Cristo, o il pallone». Andrea scelse: il pallone, naturalmente.

Quel pallone gli prese l'adolescenza. A diciassette anni l'allenatore gli assicurò che poteva farcela, a diventare professionista. E poi, invece, un infortunio sul campo, il sogno che finisce, e la vita che prende vertiginosamente tutta un'altra piega. Il ragazzino che preferiva il calcio a Cristo, quello per cui Dio era «una parola che non rappresentava nulla», è sacerdote missionario a Praga. Le vie del Signore, pensi ascoltando la storia di don Andrea Barbero, sono davvero infinite.

Nichelino, alle porte di Torino, è un paese dormitorio nato per dare un tetto alle maestranze della Fiat arrivate dal Sud. Andrea, classe 1973, è figlio di un camionista piemontese. La mamma è panettiera. Cattolici come tutti, ma non praticanti. Ciò che è sacro, in casa, è il lavoro, l'imperativo morale di guadagnarsi il pane. Minore di due fratelli, Andrea si mostra subito un tipo combattivo. Le buone suore dell'asilo lo rimandano a casa sconfitte, dopo tre giorni di scuola materna: non c'è verso di farlo ubbidire, quel bambino. Cresce fra il cortile e la strada nell'hinterland operaio. La strada è la sua casa e la sua scuola, nell'amicizia sanguigna con il branco dei coetanei. Lui ancora adesso è grato per ciò che quel mondo gli ha insegnato: «L'amicizia, la coscienza che da soli non si va da nessuna parte; la solidarietà profonda, fino a fare a botte per gli amici». Parla, questo prete poco più che ragazzo, e gli vedi bene ancora addosso la faccia aperta e spavalda da adolescente di periferia, il sorriso di chi sa far fronte a tutto, la giovialità che attira gli altri, e li affeziona. Con quelle spalle larghe, la parlata schietta, sembrava fatto proprio per essere un calciatore, o un operaio, come sono diventati quasi tutti i suoi compagni. Sacerdote, invece. Dove, quando è la prima traccia di un destino diverso, in quella casa di gente lavoratrice e onesta, dove però non si va neanche a messa?

«Ero un bambino vivace, ma molto sensibile, e con un fondo perenne di malinconia. Come la percezione istintiva di qualcosa che mi mancasse. Mi colpì nell'infanzia la storia di mia nonna Giuditta, che a causa di un esaurimento nervoso fu curata con degli elettroshock, e ne rimase annientata. Passò il resto della sua vita in una sorta di manicomio. Noi nipoti la andavamo a trovare, e mi sbalordiva quanto la sua memoria fosse viva e netta fino ai giorni della malattia, e poi, improvvisamente, spenta, e lei vagheggiante nel delirio e nel nulla. Il destino di quella donna innocente mi interrogava profondamente, ma non l'ho mai considerata una creatura inutile. Emmanuel Mounier ha scritto a proposito di sua figlia gravemente handicappata, in una lettera: "Siamo stati visitati da qualcosa di molto grande". Ecco, per me mia nonna era questo, il segno di una presenza misteriosa».

Il ragazzino che vive per strada e non va a catechismo cresce covando una domanda, nei silenzi che alterna alla sua vulcanica allegria. La realtà, le cose non gli bastano. Le guarda, e gli pare non possano avere consistenza in sé. Sono dunque un segno? E di cosa, o di chi? Con gli amici dei cortili di Nichelino Andrea suscita discussioni che paiono attingere da un senso religioso istintivo e profondo. Che senso hanno quelle giornate insieme? E il loro essere amici? Gli altri lo ascoltano, improvvisamente non distratti. Come se quelle domande incrociassero in fondo l'ansia segreta che percorre le corse in moto, le sere in discoteca e la voglia di amore dei diciotto anni di tutti. «Tutte queste cose sono un grido, una domanda di felicità a quell'età» riflette Andrea, che ricorda quei giorni e quelle sere in cui cercava, come gli altri, di essere felice. «Anche quella è una ricerca. Che presto delude, e allora si ricomincia a cercare. Come ha detto Bill Congdon*, anche nelle notti in discoteca si va in cerca di un pezzo di felicità».

E Andrea andava in discoteca con gli altri. Canne no, ma, precisa, perché non gli piaceva il fumo, e non per una questione di principio. Gira con l'orecchino. A scuola sceglie l'Itis, per restare coi suoi amici del quartiere, e con l'idea di andare a lavorare presto. È un ragazzo del branco, fedele ai suoi amici più che a chiunque altro. Venticinque amici di periferia, non tutti «bravi ragazzi», ma solidali, inseparabili. Barbero è uno che risponde in faccia

* Artista contemporaneo recentemente scomparso, amico di don Giussani.

agli insegnanti, che contesta apertamente. Uno da sette in condotta. Al secondo anno è bocciato. Nella nuova classe ci sono molti compagni di GS. Lui li chiama «parrocchini» – come quelli di strada apostrofano quelli di chiesa – e li guarda con aria superiore. Inizia a frequentarli – più che altro perché c'è una ragazza che gli piace.

Ma quelle amicizie lo seducono. L'insegnante di educazione fisica, un *memor Domini*, lo conquista. Lentamente, il suo vecchio giro non lo appaga più, non è più come prima. «L'amicizia, la solidarietà, lo stare insieme non erano certo una scoperta per uno cresciuto come me. Ma qualcosa di totalmente nuovo mi veniva invece da quella compagnia, dai libri di Giussani che leggevamo: la chiarezza di cosa è il Mistero. Alla malinconia che mi accompagnava fin da quando ero bambino, potevo finalmente dare un nome. Era nostalgia di qualcosa che mi mancava; ma, per dirlo come Giussani, nostalgia di un bene presente. L'avere compreso la mia malinconia è stato come un prenderla nelle mani e saperla affrontare, mentre fino ad allora ero stato disarmato e impotente, pur con tutta la mia vitalità, di fronte al vuoto interiore che avvertivo».

Il ragazzo che credeva di diplomarsi e andare a lavorare alla Telecom ora ha voglia di continuare a studiare. Geologia: «Perché mi piacciono i vulcani. Mi affascina quella loro energia che esplode dal profondo, inafferrabile e inarginabile. Mi sembra una metafora di me».

Studiare geologia venendo da un istituto tecnico è duro. Barbero si immerge in una clausura di chimica e matematica. È stanco della banda del quartiere, ma ha finito col maturare un'avversione verso un giro di ragazzi di GS che ha frequentato e da cui salva solo i suoi compagni di classe. La franchezza come sempre non gli manca: «A me, cresciuto per strada, sembravano dei ragazzini borghesi e viziati. Intendiamoci, dicevano cose giustissime, ma come a memoria, e per formule. Come se non le avessero imparate sulla propria pelle. Vorrei vedervi, pensavo io, a cavarvela nelle strade di Nichelino, con tutta la vostra teoria. Conoscere, è anche un fatto di affezione. E quelli lì, sapevano tutto, ma senza compatire. Quasi fossero state date loro le risposte, prima che avessero avuto il tempo di porsi le domande. Quasi si volesse, da parte dei genitori, evitare ai figli la fatica dell'interrogarsi, il sacrificio del crescere. Comunque, quei ragazzi a me sembravano arroganti. Non ci vengo, dissi all'amico che mi proponeva di seguirlo».

Un giorno però ci andò. L'incontro era di mattina presto. Si dicevano le lodi mattutine, e basta. «Ho visto della gente che, semplicemente, implorava il significato della giornata. Che chiedeva qualcosa che non poteva darsi da sé. Che è, per me, la cosa più vera che un uomo possa fare. Quella mattina è stata decisiva. Non ho più smesso di andare con quei ragazzi a dire le lodi».

Nella comunità di CL dell'Università di Torino, Andrea diventa un prediletto del responsabile, don Primo. Il geologo vulcanico è al centro della vita del movimento, e anche delle attenzioni delle ragazze. I maligni sussurrano che sia un donnaiolo. Non è vero, protesta Andrea, però una delle più belle si innamora di lui. È una storia difficile. Lui, che pure è molto innamorato, ha come un'ombra nei pensieri. Qualcosa, dice a se stesso, non quadra. Come se quella donna, che pure desidera per sempre, non fosse veramente il suo destino. Una mattina si sveglia, più che mai irrequieto. Mette su un cd dei Pink Floyd, che in genere lo tranquillizzano. Niente. Prova a scrivere, allora. Macché. Finché cade in ginocchio. Domanda di capire cosa vuole davvero. Si rialza, siede, scrive ancora. Poche parole tracciate sul foglio: «Voglio tutto». E il destino, come in uno squarcio di sole fra le nuvole, si fa chiaro.

Vorrebbe tacere, vorrebbe aspettare a dire cosa gli è successo. Mentre accanto allo stupore avanza la ribellione. Costa tanto l'idea di rinunciare a quella donna, che ha pensato come sua e per sempre. Non si potrebbe seguire Cristo, sì, certo, ma come tutti gli altri? Lei s'accorge che qualcosa è cambiato. Come sa, decide di lasciarlo. «Un colpo durissimo. Io, non avevo ancora deciso. In pochi mesi ho perso dodici chili. Mi sentivo travolto da quella scelta che dovevo prendere. Era tutto vero quello che avevo intuito quella mattina, ma accadeva in maniera così brutale e affrettata, che mi pareva ingiusto. E, d'altra parte, quel giorno mi era stato chiesto di lasciare tutto. È strano – aggiunge Andrea – con lei, avevamo anche preso in considerazione l'idea che Cristo volesse "tutto" di noi. L'avevamo, forse, perfino domandato. Il rischio nel domandare – sorride – è di essere presi sul serio. Nemmeno la mia ragazza si è mai sposata. Si è consacrata, è una *memor Domini.* Ma è come se fosse stata mantenuta una promessa di pienezza. Noi due ci vogliamo un bene che non so descrivere, un bene infinito. E per me, questa donna è stata la porta attraverso cui è passata la mia vocazione. La vocazione per me è stata un compimento affettivo. È passata attraverso l'amore per una donna, per compiersi in Cristo».

E però, obietti, molti pensano al celibato dei preti come a una castrazione. «Non lo è. È invece il compimento dell'affettività a un livello più alto. Io non so quanto spesso un uomo e una donna si vogliano bene come me e la mia ragazza di un tempo. Certo, ci è stato chiesto un sacrificio, ma per avere qualcosa di più grande. Il celibato dei preti ha un senso se è questa compiutezza dell'amore. D'altronde, è giusto che la vocazione sia totalizzante. Che Dio sarebbe, se non pretendesse tutto?».

Superato il faticoso travaglio, il ragazzo di Nichelino, il calciatore mancato, ha scelto. O quasi. Ora che sa di «volere tutto», ora che è pronto a dare tutto, riemerge l'indole contemplativa del bambino che restava assorto ad ascoltare la nonna persa nella sua malattia. Riemerge la malinconia, e la domanda più radicale. La vita contemplativa, il monastero. Andrea vorrebbe farsi benedettino. Chiudersi fra delle mura a pregare, per sempre. Don Primo e don Giussani pensano che uno come lui, esplosivo, trascinante, serva di più alla Chiesa fuori – nella città dell'uomo. Barbero si decide, e sbarca alla Fraternità San Carlo. Ha venticinque anni, dei jeans sdruciti, e porta ancora l'orecchino. Camisasca, che lo incrocia sul portone, guarda quell'orecchino, ma si astiene dai commenti. Sono altri che con buon garbo sollecitano il novizio a far sparire l'anellino dal lobo. Lui cede. Anche l'abito fa il monaco. Il ragazzo di periferia, il centrocampista, lasciano il passo a un altro.

Il primo anno è duro. «Per Camisasca la mia naturalezza di ragazzo di strada era spavalderia. Non me ne ha fatta passare una. Mi ha preso a picconate. Ma imparare l'umiltà è necessario». Alle picconate, Andrea Barbero pare lietamente sopravvissuto. In jeans, l'aria di chi non va mai a dormire troppo presto, non ha certo preso un *physique du rôle* clericale. Oggi è missionario a Praga, nella parrocchia accademica del Santissimo Salvatore e vive sulla bellissima collina di Vyšehrad. Dice che Praga, chiusa e misteriosa, gli ricorda Torino. Vive, par di capire dal racconto veloce, intensamente – come prima e come sempre, del resto. Gioca a pallone con i bambini dell'oratorio, li porta allo stadio e urla fino a perdere la voce. S'è scelto una squadra praghese per cui tifare e urlare, come per il Toro. Con gli studenti va ai concerti e all'opera, e nelle birrerie a discutere fino a tardi. Vestito come loro, col suo linguaggio che non ha nulla – garantisce – da invidiare a quello di un camionista, è uno shock per i giovani cattolici di Praga, spesso abituati a un cattolicesimo formale, anodino, anattrattivo. Passionale, entusiasta, Barbero è come un seme buttato in una terra inselvatichita. Non si sa cosa, e quando, ne potrà germogliare.

I vecchi compagni delle strade di Nichelino, oggi tutti operai, un giorno gli hanno scritto: uno di noi si sposa, vieni tu a celebrare. Andrea è andato, l'ex compagno di discoteca e di nottate è salito sull'altare a consacrare il pane e il vino. Gli amici meravigliati e quasi increduli al banchetto gli danno di gomito: ma dai, Andrea, non ci crediamo che non hai una donna, a noi, puoi dirlo, non ci scandalizziamo, ci basta che tu sia contento... «Ho capito – ride lui – che era il loro modo per dirmi che mi volevano bene». E forse per cercare di sentirlo ancora uguale, come prima, compagno; smarriti e increduli del misterioso destino toccato a uno di loro.

X

DI PADRE IN FIGLIO

Un paese molto piccolo, Stenico, 400 abitanti alle pendici del Brenta, in Trentino. Un bambino, il primo dei cinque figli di due maestri elementari. Uno che fa i compiti in pochi minuti, e il resto sono pomeriggi infiniti a giocare, libero nei prati. Un ragazzo felice in una famiglia ancorata alle sue radici cattoliche, fra quelle valli negli anni Settanta salde nella tradizione cristiana. Di diverso, forse, dai suoi compagni di gioco, Paolo ha una tendenza a riflettere, fin da piccolo, sulle cose più grandi, tra sé e sé, senza metterne a parte nessuno. «Se devo dire a quando risale la prima intuizione della mia vocazione, mi viene in mente la stradina che collegava la strada provinciale a casa mia, che era piuttosto isolata. All'imbrunire andavo in una famiglia di contadini a comperare il latte appena munto per mia mamma e tornavo che era quasi buio, assorto, con la bottiglia in mano. In quelle camminate parlavo con me stesso. Credo sia stato in una di quelle sere che ho avuto per la prima volta il pensiero che, se Cristo è di tutte le cose la più importante, bisogna essere il più liberi possibile, per poterlo servire».

Il dialogo interiore di un bambino, di cui non fa parola nemmeno ai genitori. Come se si trattasse di qualcosa che è promesso tacitamente fra Dio e lui, come un destino che è già suo, e lo aspetta. Contano, certo, l'amicizia stretta dei genitori con il parroco del paese, e la fede trasmessa in casa, e però certo non bastano a spiegare questa precoce chiarezza. Il padre di Paolo Sottopietra – che a quarant'anni è oggi vicario di Massimo Camisasca alla Fraternità San Carlo – aveva, trent'anni prima, percorso un pezzo della stessa strada. Voleva diventare prete, e missionario. Poi, prima di finire il seminario, ascoltò invece il suo padre spirituale e andò a insegnare, e a farsi una famiglia.

Forse la stima intuita nel padre per quel sacerdozio cui non era arrivato, forse una mezza frase, detta quasi per caso davanti allo specchio dall'uomo, un mattino, facendo la barba: «Sarei contento, se un mio figlio diventasse prete». Il sogno del padre, in questa storia di una famiglia in una valle del Brenta, viene compiuto dal figlio – come se quel desiderio di assoluto fosse qualcosa che può passare anche attraverso il sangue, da una generazione all'altra.

C'è un curioso episodio dell'infanzia, tra i ricordi di Paolo. Un giorno – avrà avuto sette o otto anni – all'oratorio del paese arriva un prete del seminario di Trento, che interroga i ragazzi sulla vita di Gesù. Lui, che è fra i più svegli, alza per primo la mano, e risponde. Il sacerdote lo nota, lo osserva con attenzione. E improvvisamente una sorta di paura si impadronisce del bambino: quello lì, non starà forse cercando alunni per il seminario minore? Che voglia portarlo via da casa per farlo diventare prete? Nell'aula dell'oratorio, illuminata solo dalla luce del proiettore di quelle che si chiamavano «filmine», Paolo smette di rispondere, a testa bassa cerca di non farsi più notare. E appena a casa, scrive una lettera a quel sacerdote. Nero su bianco: «Io non voglio entrare in seminario», benché in realtà non glielo abbia mai chiesto nessuno. Come un panico che si insinui all'idea che quel destino che pure sente segretamente appartenergli si compia troppo presto, e lo sottragga all'infanzia. O, forse, il primo risveglio di una libertà che vorrà essere convinta di tutti gli argomenti della ragione, per spingersi consapevolmente verso ciò cui è tesa.

Perché il ragazzo delle pendici del Brenta è, sì, naturalmente cristiano, in quell'aria respirata in casa e in chiesa. Ma è troppo intelligente per aderire totalmente a ciò che ha ricevuto, senza appropriarsene profondamente con la sua ragione. A messa al paese, adolescente, gli capita di pensare che le parole delle omelie sono certamente vere, e tuttavia – volendo – lui sarebbe forse capace di usarle come in un gioco, dicendo cose giuste, ma che pure non lo appagherebbero del tutto. Era come se in quelle parole ripetute da generazioni nella sua valle Paolo cercasse qualcosa di più, un segreto nascosto sotto la polvere accumulata dai secoli, perché ciò che era vero da sempre diventasse assolutamente vero, ora, per lui. Dice di Sottopietra don Camisasca: «È uno speculativo, ha il gusto della penetrazione logica degli avvenimenti. È un temperamento roccioso che gli viene, credo, dalle sue montagne. È uno che va dritto al fondamento delle cose».

A quattordici anni, quando è l'ora di scegliere le superiori e una zia lo ha già iscritto d'autorità a ragioneria, Paolo si impunta. Gli piace studiare, e da una conferenza ascoltata per caso, accanto al padre, da bambino, gli è rimasta in mente l'idea della filosofia come di qualcosa di adatto e confacente alla sua voglia di capire. Si iscrive al liceo classico a Trento – come, dice, rimandando quell'ingresso in seminario che fra sé e sé avverte come certo, come qualcosa che «deve» avvenire. In classe assieme a lui ci sono degli alunni interni del seminario diocesano, e lui ne è incuriosito, ma presto deluso. Non rintraccia in loro la certezza di motivazioni, né l'adesione integrale alla vocazione, che si aspettava. Quei compagni abbandoneranno poi il seminario. Sottopietra continua a studiare, come sospeso in un'attesa – come se non avesse trovato una forma in cui riversare il desiderio che ha nei pensieri fin da bambino. Non aveva ancora incontrato, dice, un sacerdote che fosse ai suoi occhi umanamente convincente, tanto da poter pensare: è come lui, che vorrei diventare. Manca ancora quel «padre» che non è il padre carnale, e che ritorna nelle storie dei ragazzi che diventano preti: uno con cui identificarsi, desiderando di somigliargli, un giorno.

Ma la strada di questo montanaro che Camisasca definisce «uno speculativo» sembra dover passare per le vie della ragione, prima che per l'affezione. È in un'assemblea scolastica, ultimo strascico degli anni Settanta, che Sottopietra si ritrova per la prima volta intellettualmente conquistato da qualcuno, benché si tratti di studenti di pochi anni più vecchi di lui. Si parla in quell'assemblea – è il 1981 – della Polonia, e di Solidarność. Da una parte un gruppo di ragazzi attestati nella difesa del socialismo reale, dall'altra solo tre, giovanissimi, eppure capaci di ribattere colpo su colpo, di argomentare con passione la loro verità. «Ne sono stato conquistato – ricorda –, ho visto in quei tre un orizzonte più ampio del mio, e subito ho desiderato di essere con loro, come loro». I tre sono di GS, e Paolo prende a frequentarli, attratto da quella capacità di sapere dare, della loro fede, le ragioni. Ragioni concrete in cui uno come lui può finalmente affondare gli strumenti della logica e quindi le radici, senza eludere alcuna domanda, in modo che ciò che prima era vero perché lo aveva ereditato dai suoi diventasse vero per lui, ora, e senza nulla trascurare delle obiezioni e inquietudini che un adolescente degli anni Ottanta si portava addosso.

Non è un percorso di accettazione supina. A Riva del Garda, dove liceale va per la prima volta ad ascoltare gli Esercizi spirituali di Pasqua di GS, la veemenza delle parole del prete che parla gli fa scoppiare dentro una rivolta. Quel prete dal temperamento sanguigno parla ai ragazzi senza esitazioni o pii buonismi, dice loro bruscamente come siano, pur sentendosi grandi, bambini e immaturi. Il giovane Sottopietra si ribella: «Dalle parole di quel prete mi ero sentito scarnificato per l'accento che metteva sul limite dei nostri sogni adolescenziali, che, diceva, non ci avrebbero portato da nessuna parte. Mi chiedevo, rabbioso: ma chi è questo, per permettersi di parlarmi in questo modo? Eppure, poche ore dopo, seguendo la Via Crucis fra gli ulivi, mi sono ritrovato a pensare che ciò che avevo ascoltato era vero, e che la mia vita doveva cambiare. Camminando lentamente insieme agli altri dietro alla Croce, mi sono sentito addosso una pace che non avevo mai provato. La mia adesione adulta a Cristo è passata prima attraverso la verità riconosciuta nelle parole che ascoltavo, che nell'affezione a qualcuno». E Paolo ricorda ancora la «letizia profonda» con cui tornò a casa quel giorno, cambiato. «Perché solo nel momento in cui ho avuto la certezza che Cristo mi amava ho trovato anche il coraggio di allacciare rapporti autentici con gli altri. Qui sono cominciate le grandi amicizie del tempo della scuola superiore: ci si cercava, si parlava di quello che ci aveva affascinato e colpito, e in questo mettevamo una serietà che era veramente il buttarsi ingenuo e totale della adolescenza, quando incontra qualcosa di vero».

Finalmente le parole che al tempo della messa in paese sembravano ancora forme belle, ma non pienamente convincenti, si riempiono, colme di assoluto. L'approdo a Filosofia alla Università Cattolica a Milano, in questo senso, è l'impatto travolgente con le lezioni di Giussani. «Me lo ricordo nelle assemblee, a metà degli anni Ottanta. Non c'era un ordine del giorno, ognuno poteva fargli le domande che voleva, e di lui mi sbalordiva come sapesse rispondere a tutti con argomenti stringenti e logici. Quelle sue parole a me suonavano come infuocate, tanto sapevano entrare con forza nel mio orizzonte. Benché non abbia avuto con Giussani un rapporto stretto in quegli anni, per me è stato un padre, che è riuscito a spiegarmi il senso della vita. Il suo genio comunicativo è stato quello di sapere esporre le verità della Chiesa usando i termini della vita quotidiana. Era un grande rischio, perché con noi usava parole di per sé inadeguate alla grandezza di ciò che ci spiegava; ma correva questo rischio per portare alla nostra comprensione concetti che altrimenti sarebbero stati irraggiungibili.

Il cristianesimo con lui non passava più attraverso termini astratti, ma dentro una strada in cui io potevo vivere ogni giorno. Ascoltavamo Giussani e ne venivamo ributtati nella quotidianità, con impeto. In lui avevamo incontrato la capacità di spiegare, di ricondurre a unità tutti gli aspetti della vita. E questo poter guardare al vivere dalla prospettiva di un senso che lo abbracciasse tutto, e intero, era la grande bellezza di ciò che scoprivamo, e che aveva poi un riverbero nello studio, nelle feste, nelle amicizie, in ogni cosa».

I vent'anni di Paolo paiono solidificarsi in un'immagine, la Certosa di Pavia durante gli Esercizi spirituali del 1987: «Faceva freddissimo, eravamo stipati, strettissimi, seduti su scomode sedie di legno, ma ce ne stavamo in assoluto silenzio. La musica, i canti, l'architettura della Certosa, tutto diceva come fossimo quel giorno partecipi di una storia che veniva su dai secoli, e che viveva della stessa linfa, della stessa forza vitale della storia dei nostri padri, nati mille anni prima di noi. È stata l'esperienza di una bellezza totale, travolgente».

È la bellezza, non una bellezza sentimentale ma quella della verità percepita e riconosciuta, ciò che conquista lo studente di filosofia. Lui che, bambino su un sentiero all'imbrunire, aveva intuito che se Cristo è la cosa più importante di tutte bisogna dargli tutto, nella Pasqua del 1988, a ventun anni, si trova a dire agli amici che «Cristo non è quello che dà senso alla vita, Cristo *è* il senso».

Intanto, nei corridoi della Cattolica dove altri pensano come lui al sacerdozio o a entrare nei *memores Domini*, Paolo guarda alla prospettiva della verginità che da sempre lo attira non più con vago spavento, quasi fosse un marchio di diversità e solitudine, ma come a un orizzonte condiviso da degli amici, e di un'ampiezza entusiasmante. Va in America per scrivere la tesi di laurea, e gli resterà per sempre il ricordo della prima casa di *memores Domini* in cui mette piede a Davis, in California. «Ne saprei ancora descrivere la disposizione dei mobili, e il senso di ordine e sobrietà che si respirava fra quelle pareti – ma non di solitudine». Mentre quel passaggio americano, dove nell'università in cui studia i compagni di CL sono solo sette dentro a un mare di ragazzi sconosciuti e spesso non credenti, gli fa assaporare per la prima volta il gusto della missione – del portare ad altri, lontani, ciò che ha incontrato. Verginità e missione ormai sono prospettive chiare, quando Gianluca Attanasio, compagno di studi e di discussioni alla Università Cattolica, entra come seminarista alla Fraternità San Carlo. È l'ultima spinta per Sottopietra, che decide di chiedere un colloquio a don Camisasca.

L'appuntamento è alla Stazione Centrale di Milano, dove don Massimo arriva con un pendolino da Roma, in ritardo, e di pessimo umore. All'una di notte, destreggiandosi a fatica in auto tra vie che non conosce bene, Paolo gli pone la questione del suo ingresso in seminario. La conclusione di Camisasca quella notte è brusca: «Beh, se vuoi entrare deciditi, perché fra pochi giorni le lezioni cominciano».

Sottopietra ci mette qualche settimana per prendere la decisione definitiva. Poi torna a casa, in Trentino, ad aspettare il «sì» della Fraternità. La telefonata tarda, e quando finalmente squilla il telefono Paolo – si sente dire all'altro capo del filo Camisasca – è fuori a spaccare la legna, come fanno in montagna nell'approssimarsi dell'inverno. Deposta l'accetta sulla catasta di legname fresco, il ragazzo finalmente annuncia ai genitori cos'ha deciso per la sua vita.

I suoi, se ne rimangono zitti. Poi, da montanari, senza commenti tornano a lavorare. La madre, superato lo sbalordimento, due ore dopo è già al lavoro, attorniata dalle vicine, a cucire le etichette alla biancheria per il seminario. «Gente di fede profonda, e non ostentata», dice di loro Camisasca. Gente del Brenta, di poche parole. Che ha fatto questo figlio riflessivo, per prima cosa teso alla verità. Erede inconsapevole, fin da bambino, del desiderio rimasto silenziosamente nel cuore del padre: prete, e missionario.

XI

LA SFIDA DI ALIOSCIA

Irlanda, 1978. A Wexford, una piccola città sulla costa sud-est dell'isola, un gruppo di giovani ambientalisti ha fondato una comune. Vivono insieme in una fattoria e coltivano la terra, in quell'ultimo tramonto della grande onda della rivoluzione giovanile. Alla comune approda una coppia di studenti americani di origine irlandese, tornati nella terra degli antenati per studiare a Dublino, e forse anche alla ricerca di un altro modo di vivere. Battezzano Jonah il primogenito, che nei capelli biondo rossi e negli occhi chiari rivela l'eredità irlandese. Jonah passa i suoi primi anni giocando nel cortile a rincorrere le oche, o rotolandosi dentro un secchio giù per i pendii erbosi. Segue suo padre che va a tagliare la legna nei boschi, e scopre che la neve è buona, con il miele caldo sopra. È un bambino felice nella libertà dei prati e sempre certo dell'abbraccio dei suoi, che la mattina lasciano lui e sua sorella invadere il letto matrimoniale, saltando e ridendo, in una tenerezza da nido.

Jonah Lynch oggi ha ventotto anni ed è sacerdote, giovanissimo vicerettore della Fraternità San Carlo. È arrivato fin qui per strade inconsuete, e per vie che all'apparenza sembravano fatte per trascinarlo in tutt'altra direzione. Ma – pensi guardando quei suoi colori da erede di pionieri irlandesi – la prima impronta su di lui è stata la gioia dell'abbraccio dei suoi. Che è un marchio forte, tanto quanto il dolore. Chi ha conosciuto nei primi anni una felicità totale spesso non smette mai di cercarla, per quanto la vita poi contraddica quella memoria. Chi è stato del tutto felice nella prima infanzia sa che la felicità è possibile, e tende a ritrovarla, come guidato da un segreto istinto.

Molto presto la famiglia Lynch, che metterà al mondo altri tre figli, torna in America. Ma è un'America brutale quell'Oregon in cui il padre, docente di lettere, si trova a dovere accettare qualsiasi lavoro per far sopravvivere i suoi. A scuola, all'ora della ricreazione, i compagni fanno pagare al nuovo arrivato il suo accento diverso, la sua faccia straniera. Goffamente lui cerca di imparare i loro giochi, ma ogni volta ne viene emarginato. Un solo bambino gli parla, ma quando Jonah gli chiede perché quando sono insieme abbia sempre il cappuccio della felpa calato sulla faccia, quello risponde con la spietata franchezza dell'infanzia: «Mi nascondo, perché gli altri non vedano che sono io, che parlo con te».

Sono anni duri, in cui i Lynch stentano in certi giorni anche a mangiare. Fuori dalla porta di casa i figli scoprono la solitudine degli emarginati, in quella cittadina della provincia americana dove tutti si conoscono fra loro da generazioni. Ma, a casa, ci sono sempre un padre e una madre e i fratelli, e, dice Jonah, «una tenerezza estrema». E anche nei momenti più neri nessuno pensa a vendere il pianoforte su cui i bambini imparano a suonare. La sera di Natale, davanti all'albero illuminato dalle candele, si legge una fiaba, sempre la stessa, anno dopo anno. Dall'Irlanda all'asprezza dell'America profonda, la famiglia Lynch si stringe tenacemente attorno ai suoi figli.

Jonah cresce fuori da ogni schema o allineamento. Precocemente scopre la bellezza della solitudine. Nella sua camera costruisce modellini di aeroplano, sognando di imparare a volare. Nei grandi boschi attorno a casa cerca le tracce dei sentieri delle cerve. Sta bene nel folto degli abeti muti, o nel caos silenzioso di legni vecchi e cose morte, nei fienili. Crescendo, la solitudine lo affascina come una sirena. Legge tutti i libri di Jack London, immagina di percorrere l'Alaska con una slitta trainata dai cani, come in quei racconti. L'esaltazione dello spirito individualista degli anni del *gold rush* nel Klondike lo esalta, e modella un ragazzo indipendente, orgoglioso, uno che vorrebbe sapere fare tutto, e non avere bisogno di nessuno. «Una struttura dell'essere molto americana», commenta oggi.

A sedici anni vuole fare come i figli degli indiani d'America, nel rito di passaggio dall'infanzia all'età adulta: sopravvivere in una zona desertica per qualche giorno, senza portare con sé acqua né cibo. «Volevo essere messo alla prova; mi sentivo capace, forte, e autonomo, e volevo dimostrare che ce la facevo da solo. Ho preso la macchina e uno zaino con dentro solo la tenda, il sacco pelo, una candela e fiammiferi, e mezzo chilo di avena. Era marzo. Lo zaino era pesante, e senza una cartina ero costretto a camminare molto vicino a un ruscello, come guida per il ritorno. Ho raggiunto la neve, che diventava man mano più profonda. Ho incontrato un pianoro e ho deciso di restare lì. La tenda era molto vecchia. Quando nella notte ha cominciato a piovere e i fulmini illuminavano il bosco, dentro la tenda si è bagnato tutto. La tempesta è continuata la mattina dopo e io non potevo uscire perché non avevo un mantello. Ho passato il giorno intero leggendo o pregando, e ho "cucinato" un po' dell'avena usando la candela come fuoco. La notte seguente ha preso a nevicare. Avevo i piedi ghiacciati e insensibili. Provavo un po' di paura, ma non c'era niente da fare tranne pregare (dicevo il *Padre nostro*, sentendo un affetto particolare per la frase: "sia fatta la tua volontà", che pronunciavo più forte e con vera intenzione). La mattina dopo mi sono alzato per tornare a casa. La neve aveva fatto tutto candido, il fragore della cascata era più forte e la tempesta era passata, lasciando il cielo azzurro».

Un temperamento estremo emerge in questo confronto cercato con la solitudine e la tempesta, a sedici anni. O tutto, o niente, le mezze misure non interessano Lynch. E quando, adolescente, si innamora, è lo stesso. A sedici anni, con un'ansia dolorosa, Jonah vuole un amore esclusivo, e per sempre. Ma è un altro, quello di cui la compagna di scuola che sceglie si innamora. Dopo un anno di sofferenza, lui scopre che come per una grazia è ora capace di volerle bene in un altro modo, senza pretesa di possesso. È l'intuizione, acerba, dell'amore gratuito. Poche altre volte in futuro troverà, dice, un'altra con la limpidezza di quella donna, che resta come una pietra di paragone nei rapporti con le altre, e il segno della possibilità di un amore sconosciuto, diverso.

I sedici anni sono anche l'imbattersi, nella libreria dell'aeroporto di Heathrow, ne *I fratelli Karamazov*. Già sull'aereo che vola verso l'America apre il libro, e da quelle pagine non riesce a staccarsi. Dostoevskij lo avvince e lo cattura. Il passo della ribellione di Ivan contro il male lo distrugge. E il silenzio di Alioscia, nei suoi sedici anni, gli sembra solo acquiescenza. Tornato a casa, con l'amico con cui fa *jogging* parla di quel libro straordinario. Ma l'amico, come la maggior parte degli studenti americani, non ha mai letto Dostoevskij, e lo ascolta perplesso, senza capire, con la sua anima da Nuovo mondo, il nodo e la ferita di quel libro.

La fede di Lynch esce dal confronto con Ivan e Alioscia come tramortita. Né lo aiuta certo leggere Kierkegaard. Nella descrizione che Kierkegaard fa della sua malinconia, dopo la festa in cui pure pareva l'uomo più felice del mondo, il sedicenne si riconosce: è la stessa tristezza inspiegabile della sua adolescenza, anche dopo le sere più liete. È qualcosa cui non sa dare il nome, ma che manca: come un centro di gravità di cui sente la necessità, ma al cui posto è rimasto il vuoto. «Avevo paura: di cadere nelle mani di un dio che non esisteva, oppure di un dio malvagio: un dio che permette il dolore dei bambini». Quelle pagine scritte un secolo prima lo hanno costretto, con la loro forza inaudita, come nella necessità logica di negare, senza sapere affermare più nulla.

Per l'università si trasferisce in Canada, a Montreal, dove i compagni di studio sono quasi tutti dichiaratamente atei. Sfidano Jonah, l'ultimo che ancora va a messa, con cento domande, da Galileo alle Crociate all'Inquisizione. Lui altro non sa rispondere se non affermare il suo disperato bisogno di un senso della vita, senza il quale potrebbe solo, spiega agli amici, morire. In quella compagnia impregnata di giovanile orgoglio ed edonismo Lynch si pone, solo, una domanda che gli sembra di non poter fare a nessuno: l'amore autentico, la verità assoluta, esistono, o sono un'illusione? I compagni di studio alzano le spalle, sorridono. Una sola risponde: sì, ci credo. Jonah si aggrappa a questa speranza, ma è come un naufrago, con i suoi diciotto anni vissuti a cavallo fra il Vecchio e il Nuovo mondo, fra una famiglia forte e la solitudine dell'Oregon, fra la sua domanda estrema e il gaio nichilismo di Montreal. All'incrocio, la storia del ragazzo irlandese e americano, fra due mondi opposti, fra una memoria antica e una modernità che non ricorda e non crede in niente, e lui a metà, diviso, con le sue domande radicali, tra una fede profonda e il nulla. (Di mezzo, ragionevolmente, con saggio equilibrio, gli uomini fatti come Lynch non possono stare).

Nella residenza studentesca di Montreal una sera, inseguendo la musica che proviene da una stanza, Jonah trova un suo simile. David è un ragazzo ebreo francese, splendido violinista, come lui inquieto e in cerca di qualcosa che a parole rinnega. Se Lynch, dopo avere letto *I fratelli Karamazov*, dubita di un Dio buono, David dice di non ammettere quel Dio, «per mancanza di dati». Ma nessuno dei due smetterà di cercare. La passione per il violino o la Francia in autostop sono i momenti di un'amicizia per sempre, quasi più intensa per via di quel muro fra il cristiano e l'ebreo che silenziosamente si alza, man mano che i due ritrovano il Dio che cercano. Nella lontananza, da Parigi all'America, come fratelli David e Jonah restano vicini, forse anche più intensamente per via di quella radice diversa, che potrebbe dividerli.

Un giorno, a una lezione di etica, Jonah e David incrociano un professore, il quale pronuncia una frase che Jonah al momento non capisce, e che però si annota in fretta sugli appunti, come qualcosa su cui dovrà ritornare. La frase è: «La morale non è una legge, ma è l'espressione di un'appartenenza». Alla fine della lezione vanno a domandare al professore cosa abbia voluto dire. È l'inizio di una decisiva amicizia con John, professore di storia, membro della comunità di CL a Montreal. Ci si incontra una sera alla settimana alla chiesa di Santa Caterina. Jonah capisce ben poco, e della fede cristiana gli è rimasta, ricorda ora, intatta, solo la prima frase del *Credo*: «Credo in un solo Dio, Padre onnipotente, creatore del cielo e della terra... » e poi, basta. Tuttavia, a quel gruppo di gente di cui non comprende veramente i discorsi resta fedele, senza capire nemmeno lui perché. O forse, il perché è la pressione interiore di quelle sue domande sul bene e il male, e il senso, che il ragazzo continua a porre a quanti incontra, a un prete della cattedrale di San Patrizio come a uno sconosciuto professore di teologia a Montreal, il primo nel cui ufficio si è imbattuto. Ma trova risposte evasive o annoiate, come di chi da tempo abbia smesso di credere a un dio vivo. L'unico che sta alla serietà della sua domanda è John. Che lo resta ad ascoltare, senza mai scandalizzarsi. «Con lui ho scoperto che si può essere cristiani e non censurare alcuna domanda. E che quell'uomo mi voleva bene, e perdeva gratuitamente del tempo per me». Jonah, che era ormai sul punto di gettarsi la sua fede alle spalle e andarsene, resta: perché quell'amico è fedele alla Chiesa, e «lasciare la Chiesa sarebbe stato come lasciare lui». Così che nell'umanità di un'università canadese alla fine degli anni Novanta, dove i cristiani sono minoranza quasi invisibile, un ragazzo rimane attaccato a un professore per una ragione vecchia di duemila anni, anche se forse non lo sa ancora: perché «da chi andremo?», se ci allontaniamo da chi testimonia di una vita eterna.

Ma la strada gli si spalanca veramente davanti, chiara, a ventun anni, con la visita nella comunità di Montreal di un sacerdote missionario della Fraternità San Carlo in Siberia, Ubaldo Orlandelli. Nell'incontro con lui Jonah capisce molto poco, perché l'ospite parla in italiano, ma è folgorato dalla sua intensità, dallo sguardo vivo che posa su chi lo ascolta, da una saggezza che, è evidente, non gli viene da una teoria, ma da una vita intensamente vissuta. «Io voglio essere un uomo come lui», si dice Lynch. Orlandelli è un prete. È la prima intuizione. Ma Jonah è innamorato. È una famiglia il suo destino, o quell'altra strada? Esita, non sa in che direzione andare. Lo accolgono Nicola Ruisi e Markus Merz, giovani preti della Fraternità San Carlo, a Montreal in missione. Con loro inizia un cammino di discernimento. «Nicola per me è stato una paternità grandissima. Benché vedessi, in quei mesi, la solitudine e la vulnerabilità di questo sacerdote italiano e cattolico a Montreal, che è una città distratta e brutale. Mi fidavo di lui perché, lo intuivo, era passato per gli stessi luoghi che avevo attraversato io. Era amico, ma anche più grande di me, e con la esperienza per capire ciò che stavo vivendo. Anche duro, quando occorreva. Un giorno, davanti a quel dubbio ancora irrisolto, all'oscillare doloroso fra l'amore per una donna e una vita totalmente per Cristo, Ruisi scoppia, con rabbia: «Allora, scegli! O l'una o l'altro!». «Quel pomeriggio – racconta Lynch – l'ho passato in ginocchio, decidendo, alla fine, di affidare la donna che amavo a Cristo. Non è stata la fine del dolore, ma da allora ho cominciato a capire che solo Cristo può salvare le persone che amo. Credo che per tutta la vita dovrò continuare a imparare ad affidare quelli che amo a Cristo».

Jonah, a ventun anni, è sempre più certo. Sta qualche giorno nella casa della Fraternità a Montreal. «Mi hanno accolto come un fratello anche prima che lo fossi. Pregare insieme a loro al mattino mi pareva un assaggio di cielo. Non capivo l'italiano, ma semplicemente le loro risate che riempivano le stanze, e la bellezza della preghiera in tono retto, mi incantavano. Non più schiacciato dall'ansia e dall'individualismo che permeano gli americani e i canadesi, ho scoperto una vita piena di significato fatta di momenti piccoli, tutti incentrati su Cristo presente e reale». Lynch ancora non lo sa, ma quello è la consistenza densa dell'istante di cui parla in un libro don Giussani: ogni attimo, benché all'apparenza insignificante, è colmato dalla salvezza dell'Incarnazione. «Un momento sorprendente per me era assistere alla "messa per gli angeli" di Nicola, che celebrava anche quando in chiesa non c'era nessuno. Non mi dimenticherò mai l'intensità e l'affetto durante l'elevazione, in quella chiesa deserta. Niente era ormai chiaro per me come il desiderio di vivere una fede reale come la sua». Quando a Montreal arriva don Paolo Sottopietra, uno dei responsabili della Fraternità San Carlo, il tempo è maturo perché Lynch chieda di passare due mesi nel seminario della Fraternità, a Roma. Ancora una volta quella sera cerca la solitudine: «Ho camminato nella neve sulla riva del fiume fino a tarda notte, prima di parlare con Paolo. Per la prima volta sapevo bene cosa volevo, ed ero disposto a sacrificare tutto per quel desiderio».

Tuttavia, il seminario è ancora un lungo cammino. Jonah l'indipendente, il ragazzo solitario e orgoglioso che a sedici anni provò a se stesso di sapere vivere solo, nelle montagne dell'Oregon, fatica a imparare la vita di una comunità, e l'obbedienza. Nuovi dubbi si affacciano e svaniscono, come resti di nuvole in un cielo ormai schiarito. Si è portato a Roma i suoi *Fratelli Karamazov*: li riapre e si ferma, bloccato da una misteriosa paura. Quel libro, già una volta lo ha sommerso. Solo dopo due anni in seminario ha il coraggio di riprenderlo in mano, e guarda da uomo nuovo ad Alioscia che, davanti alla disperata protesta di Ivan, se ne va ad accudire un bambino. «Quel badare a un bambino, era la risposta che cercavo. Il male è un mistero non eliminabile, ma la carità afferma comunque che il nostro destino è buono».

Dubbi e certezza, ombre e di nuovo luce, sotto il sole di Roma, nel cielo di un erede di pionieri irlandesi. Lo accompagnano le lettere intense dell'amico ebreo David. Anche lui è stato trascinato dalla ricerca di Dio, fino a decidere di tornare alle radici e di andare a studiare i testi biblici a Gerusalemme. Nel marzo del 2001 scrive in una lettera a Jonah: «L'attesa di un avvenimento – di qualcosa dove l'apertura accade – è forse l'iscrizione concreta di Dio nella nostra carne quotidiana?».

Il 31 luglio 2002 David muore dilaniato da una bomba palestinese nella caffetteria dell'Università ebraica di Gerusalemme. Lo strazio, che forse pochi anni prima avrebbe travolto l'amico, è colmato da una singolare pace. «Quella pace interiore, nel dolore profondo, mi diceva che la nostra amicizia non era perduta nel nulla. Ho creduto fin dal primo istante nella positività ultima di quel dolore. La vita, ne sono certo ormai, non è per un male. Ho preso l'aereo e ho raggiunto a Parigi i genitori di David, cercando di portare sulle mie spalle un po' di quell'abisso di sofferenza. Sua madre mi chiedeva ogni giorno di suonare il violino. C'erano dei brani che lui e io suonavamo sempre». Nell'ultima lettera a David, Lynch aveva scritto: ora tutto è nuovo, ora vivo per Cristo. «Ma proprio con la sua morte – dice oggi – ho scoperto che tutto era vero».

C'è chi cresce in una fede tramandata, e chi deve attraversare terre ampie e deserte per ritrovare la propria. Ma, da questo lungo cammino, Lynch sembra avere tratto una certezza, che lo rende capace di ricordare ciò che ha traversato, senza rinnegare nulla, e divertendosi quasi, in questa padronanza di linguaggi, a suscitare dubbi e domande in quelli che ha davanti. Oggi, a Roma, ai seminaristi insegna filosofia. «Quando a Washington insegnavo astrofisica in un liceo e spiegavo le galassie, mi divertivo a provocare i ragazzi, che dopo avere ascoltato del Big Bang domandavano: "Ma, prima, prima di questo, cosa è stato?". Amavo generare le loro domande, domande inconsuete in una scuola americana». Un istintivo amore per la sovversione delle certezze? A Roma con i suoi studenti don Lynch ama invece rivalutare quel po' di buono che c'è anche in Nietzsche. Della «faccia da salvati» che dovrebbero avere i cristiani. «E in *Al di là del bene e del male* – dice – c'è una intuizione: "I cristiani – scrive Nietzsche – si sono smarriti nel modo più bello". Come avendo intuito, il filosofo del nichilismo, la bellezza della verginità, non risolta come puro odio alla carne».

Il ragazzo dell'Oregon, come spinto da un'ansia di avvicinarsi a quella bellezza desiderata e intravista, ora ha scoperto Dante, affrontandone la lettura in italiano. Se ne è innamorato: «Dante ti converte, nel senso che ti fa volgere lo sguardo. "Perché ritorni a tanta noia?", gli domanda Virgilio, ed è una domanda che spesso io mi ripeto, quando nella fatica quotidiana viene da voltarsi dalla speranza verso il grigiore. Dante mi riempie di speranza, e di passione per la vita. E mi commuove che una sintesi così alta del cristianesimo sia sempre vera, settecento anni dopo. La *Divina commedia* è la *Messa in si minore* di Bach, è la cattedrale di Chartres. È tutto ciò che è stato l'Occidente cristiano».

Jonah Lynch è stato ordinato sacerdote il 24 giugno 2006. Da una comune verde in Irlanda all'Oregon, da Jack London al nichilismo lieto della McGill University, il singolare pellegrinaggio di un singolare ragazzo è arrivato al suo porto. Ma il viaggio continua, e c'è ancora, a ventotto anni, tanto tempo, e tanta strada da fare.

XII

DA UN'ANTICA CASCINA LOMBARDA

«Io sono nato in campagna. Nella Bassa milanese, vicino a Buccinasco, in una frazione che si chiama Buccinasco Castello. Quando ero bambino, in paese erano tutti agricoltori. La mia famiglia aveva, e ha ancora, un'azienda agricola. Coltivavamo foraggio. Eravamo quattro fratelli maschi: gli altri tre sono rimasti là. Eravamo una famiglia cattolica, di una fede tradizionale, ma vissuta nella vita quotidiana. Era una fede che si respirava in casa. Mia madre mi diceva che mia nonna andava da sempre tutte le mattine a messa dai frati e io infatti me la ricordo così, una donna di fede, forte, tutta per la sua famiglia e per Dio».

A nascere nel 1974, a pochi chilometri da Milano ma già dentro l'orizzonte largo dei campi piatti e dei filari di pioppi, persi dentro la nebbia d'inverno, poteva ancora andare così. Potevi ancora essere un bambino in una cascina, con tre fratelli, i genitori, la nonna a messa tutte le mattine. La vita ancora scandita dai tempi della campagna, e, in piazza, la chiesa, e nella chiesa un prete semplice, che conosceva tutti e giocava a pallone in oratorio. Tutto ancora al suo posto, non ancora rovesciato e capovolto. La scuola, il cortile, in un ordine non molto diverso da quello di cinquant'anni prima. Benché certo anche i ragazzi di quelle campagne mordessero il freno, e avessero, dice Raffaele Cossa, voglia di andare con gli amici in città – cominciando a pesare, la grande pace delle cascine. Di una via Gluck rurale e incontaminata, troppo lontana da Milano perché le stalle fossero già sbaraccate dalle fabbriche, e poi sommerse dagli ipermercati. Così che oggi Raffaele dice, con una sommessa fierezza di cui non si accorge: «Io, sono nato in una cascina, in una famiglia cattolica». E aggiunge sorridendo: «Sono un animale in via di estinzione».

Gli anni sereni lasciano, in genere, meno ricordi di quelli travagliati. Del suo paese, Cossa ricorda il viceparroco, don Adelio, «un uomo tranquillo, che stava sempre con noi ragazzi, che ci voleva bene». Nulla di eccezionale. Un uomo, un amico, che si faceva sempre trovare (come se, in quella campagna piatta in cui tutto ancora è in ordine, non fosse poi così complicato vivere, né fare il prete, né credere in Dio). Don Adelio però nella sua semplicità ha già qualcosa che affascina Raffaele. Come la vaga idea, nel figurarsi infantile di cosa sia desiderabile diventare da grandi, che non gli dispiacerebbe essere un sacerdote a cui tanti vogliono bene così.

A Mathi, un paese del Piemonte, Cossa ha una zia suora, e va in vacanza con i ragazzi di quell'oratorio ogni anno, d'estate. Sono in sessanta, insieme tutto il giorno in indimenticabili gite in montagna. Al tramonto la messa, e i più grandi che i piccoli vanno a cercare, come fratelli maggiori. Due di questi amici più maturi lasciano il segno su Raffaele. Maurizio e Mauro: «Erano ragazzi particolarmente vivi, appassionati. Erano persone libere. Io ne ero affascinato per questo, perché mi sembravano, tra tutti, i più vivi. Sapevano stare con noi, aiutarci. E, ragazzino, mi dicevo: da grande vorrei assomigliare a questi due. È accaduto che entrambi sono entrati in seminario. Mauro poi ha lasciato, Maurizio è diventato prete. A Mathi, per l'ordinazione, gli hanno fatto una festa, con musica e canti. Come una festa di nozze, e c'era tutto il paese».

È tornando a casa da quella festa, su un treno locale, che Raffaele ventunenne viene per la prima volta attraversato da un pensiero. Singolare pensiero, breve e lucido come una certezza: «Io diventerò prete». Come un barlume che si apre per un momento nella nebbia lasciando intravedere netto l'orizzonte. Sul lento treno locale il giovane passeggero si meraviglia forse per un istante. Poi subito lo riprendono i suoi pensieri, lo studio, gli esami di fisica da dare, e dare bene, visto che il papà sta facendo sacrifici per farlo studiare. E per il resto una vita del tutto normale, gli amici, le sere in birreria e al cinema. Una ragazza, di cui si innamora, ma senza mai arrivare a pensare che l'amore per una donna sia una cosa così bella, da non poterne fare a meno. E anche quelle sere fuori, quelle amicizie che pure gli sono care, mostrano alla fine un gusto che non lo appaga del tutto. «Non si riusciva mai a stringere, ad andare nella profondità delle cose. Non mi bastavano. E mi sembrava che la mia vita dovesse in qualche modo prendere un'altra direzione».

Alla facoltà di Fisica di Milano studia forte – ne uscirà con 110 e lode – ma pare anche vagare cercando facce, parole che rispondano alla sua domanda di rapporti veri. Stringe amicizia con ragazzi non credenti, e però di indole profonda, cui si lega in una passione agli uomini che va oltre ciò che professano a parole. «A me interessano le persone», dice. A lui, pare di capire guardando questo giovane prete dalla faccia seria e semplice, interessa la sostanza, il cuore, come questa parola è intesa nell'Antico Testamento, la domanda che gli uomini da sempre si portano addosso. Nel suo cercare per le aule dell'università incontra degli studenti di CL. Per un po' li sta come a guardare, senza legare davvero. Tuttavia, ricorda, ha la percezione che quei ragazzi, con cui pure fatica ad amalgamarsi, dicano cose vere, e, se pure un po' a distanza, li sta a osservare. È l'ultimo anno, quello della tesi, che lo costringe a un rapporto faccia a faccia con quelli di CL. Nella sede di scienze dei materiali della Bicocca, dove lo hanno spostato, si ritrova assieme a due di loro. Dentro le aule nuove del polo universitario sorto su un'area industriale dismessa alla periferia di Milano, il ragazzo nato in campagna si allarga in un'amicizia fiduciosa. Con quei due amici vicini – un'amicizia, dice, «così limpida, così bella» – è stato «come quando nell'acqua tranquilla, immobile del mare quando non c'è vento, si vede bene, nettamente il fondo». E sul fondo c'è ancora, da molti anni, coperta dalla sabbia del tempo e forse a lungo dimenticata, la memoria di don Adelio, e delle vacanze con Maurizio, e quello strano barlume di certezza su un vecchio treno locale, vicino a Torino. C'è l'idea di farsi prete.

Non si ha paura, davanti a un'idea così? «No, o forse solo un po', certo era una cosa grossa, però non sono stato a tergiversare. Non ci ho pensato su più di due mesi. Poi ho preso il telefono e ho chiamato un prete della mia parrocchia, don Marcello, che mi ispirava fiducia, benché lo avessi visto soltanto due volte. "Devo parlarti", gli faccio. Lui quel giorno era in un supermercato per una colletta del Banco alimentare, e mi risponde: "Vediamoci lì". Così io vado al supermercato, lo trovo e gli dico: guarda, il fatto è che io vorrei diventare prete».

E ti immagini un sabato in un grande magazzino, fra la gente in coda, le cassiere nervose, i bambini che strillano, i carrelli stracolmi, e nella calca un ragazzo che dice a un uomo vestito di nero: «Sai, io voglio farmi sacerdote». Qualcuno che si volta. E il sacerdote che invece non perde l'*aplomb*, e replica: «Va bene, ma sarà forse il caso che ci vediamo una volta al mese, e ne parliamo con calma».

Cossa ricorda che quel don Marcello è stato «intelligente, paziente, cauto. Mi ha incoraggiato a prendere il dottorato, a valutare con attenzione la mia intuizione di vivere la vocazione alla verginità. Ho cominciato in quei mesi a scoprire che l'idea di dedicare tutta la mia vita a Cristo mi rendeva diverso, più vivo. Poi, quando già avevo trovato un lavoro in un'azienda di elettronica, ho conosciuto don Antonio Anastasio, che era allora il rettore del seminario della Fraternità San Carlo».

È, da come ne parla Raffaele, l'incontro che rende chiara la sua vocazione, e sgombra da ogni esitazione il «come», il «dove». «Più volte mi capitava di cenare con lui. Raccontava della vita dei missionari, e la missione mi appariva come un'idea grande». (Tu, ti incanti un po' ad ascoltare. Immagini un ventenne seduto a un tavolo, trascinato dall'entusiasmo dell'amico più grande, pronto a buttarsi nella sua stessa avventura. Proprio la sera prima, a tavola, un amico, cristiano, ti diceva che il cristianesimo è ormai finito. Finito? Eppure ricomincia ancora, ogni giorno, duemila anni dopo).

Tu, dunque, volevi fare il missionario.
«Io volevo fare il missionario».

Dove?
«Ho sempre provato un grandissimo fascino per gli Stati Uniti, per l'avanguardia della ricerca scientifica, io che ho studiato fisica elettronica. Sono andato alcune volte negli Usa e ogni volta sono tornato con delle bandiere a stelle e strisce, che ho appeso nella mia stanza in via Boccea. Poi alla fine dell'ultimo anno Camisasca mi ha detto: "Andrai missionario in Cile". Io un po' a malincuore ho preso in mano i libri di spagnolo. Non è l'America, mi sono detto, ma è comunque un posto molto lontano».

Ma quando è pronto per partire per il Cile, don Massimo lo chiama: «Voglio che tu vada a Torino». Raffaele ripone le sue bandiere americane, e i dizionari spagnoli. La prima missione che lo attende è a ottanta chilometri dalla sua cascina di Buccinasco, e sotto alle stesse montagne in cui andava in gita da ragazzo, con l'oratorio di Mathi. È il quartiere Santa Giulia, un rione popolare di Torino. Cossa, disciplinato, ubbidisce, e parte. Ma dopo due anni, di nuovo fa le valige: deve andare a Lisbona. Esattamente ad Alverca, un popoloso paese vicino alla capitale portoghese. Un altro dizionario, ancora. Ma la passione per le persone di questo ragazzo è grande, e ricomincia contento da capo. «La prima cosa che mi ha colpito è stata la storia dei pastorelli di Fatima, a cui la nostra chiesa è dedicata. Mi ha toccato profondamente il loro desiderio di dare tutta la vita per Cristo, e per gli uomini. Dio desidera uomini così. E io, voglio essere come loro. Qui ad Alverca ci sono tanti ragazzi e famiglie, e io vorrei poter parlare con tutti loro. Ciò che voglio, è poter parlare a tutti di Cristo».

XIII

SULLE FRONTIERE DEGLI UOMINI

C'è una piccola casa di mattoni vicino alla cattedrale di Madrid. D'inverno ci trovano rifugio per la notte un centinaio di barboni. Ogni domenica, alle dieci di sera, si celebra la messa. Un letto funge da altare. All'ingresso dei sacerdoti gli ospiti si alzano in piedi: hanno facce segnate e stanche. Ognuno nello sguardo pare riandare, nella penombra notturna dell'ospizio, alla sua storia, e alle sue sconfitte. Una ragazza, Maria, accompagna la messa, cantando. Ha una voce così bella che tutti sollevano la testa e la stanno ad ascoltare, come trascinati fuori di sé. Maria canta una preghiera di Teresa d'Avila, *Vuestra soy*, «Sono vostra, Signore». I cento miserabili della casa vicino alla cattedrale quando la ascoltano cambiano espressione. Come se in quella preghiera che dice «sono vostro» fossero abbracciati. Loro che agli occhi degli uomini sono dei falliti, paiono intuire nel canto di quella messa nella notte che anch'essi sono attesi da un destino buono.

Uno dei due preti sull'altare fra i *clochard* è don Michele Lugli, trentasei anni, missionario della Fraternità San Carlo, cappellano alla Scuola di Architettura di Madrid. Un ragazzo di Pesaro, con gli occhi limpidi e la faccia di uno nato con una gran voglia di lavorare. Di uno che sa che c'è molto da fare al mondo; e convinto, come dice lui stesso, che «Dio ha bisogno degli uomini». Lo ha capito presto, già alla messa della sua parrocchia di Santa Veneranda a Pesaro, da bambino, accanto ai suoi fratelli e ai genitori. Ascoltava le letture dell'Antico e del Nuovo Testamento, e gli restavano in mente i nomi dei patriarchi, dei profeti e degli apostoli di Gesù. Abramo, Mosè, Geremia, Isaia, Pietro e Paolo. Tutti uomini cui Dio aveva affidato un compito. Compiti straordinari, ma, si diceva il ragazzo, Dio certamente ha dato a tutti gli uomini un compito, una vocazione da seguire. E la mia? si chiedeva. Dio, ne era certo, si sarebbe fatto capire.

Così che, quando un giorno il parroco in sacrestia, finita la messa, gli chiede se non gli piacerebbe fare il prete, Michele, che è solo un bambino, prende molto sul serio la domanda. Se la ricorda ancora venticinque anni dopo. Gli è rimasta impressa come una fotografia: don Luigi che svestiva i paramenti, e sua madre che lo guardava da un angolo della sacrestia – senza dir nulla.

Da Pesaro a Madrid, la strada è stata lunga esattamente il tempo di prendere coscienza, per Michele Lugli, della sua vocazione. Il tempo di «scoprire che la realtà è buona, che tutto quello che succede ha un'ultima inesorabile positività, e non è un insieme di circostanze caotiche, ma un disegno con un senso. La vita è bella non perché ti va tutto bene – le cose non andranno mai tutte bene, la vita sarà sempre drammatica. È bella invece perché scopri che nella lotta sei accompagnato dalla presenza buona di Cristo, che ti sostiene. Allora puoi lavorare, sposarti, avere dei figli, oppure fare il prete: sicuro che ne vale la pena, perché il destino che ti attende è buono».

Ha una faccia, il ragazzo, da costruttore. Da uomo capace di mettere i mattoni gli uni sugli altri per costruire una casa. Forse un'eredità delle mani del padre falegname? Da piccolo frequenta la parrocchia, e istintivamente ammira quegli uomini che alla Chiesa danno tutta la vita.

«Poi – racconta – ho conosciuto don Riccardo. Lavorando gomito a gomito con lui nella parrocchia di Borgo Santa Maria ho capito cosa significa davvero, che Dio ha bisogno degli uomini. Dio passa concretamente attraverso la Chiesa. Ha bisogno di mani, e di parole. Vivendo accanto a quel sacerdote si è fatto forte il desiderio di servire anche io la Chiesa. La mancanza di vocazioni era una provocazione che mi interpellava personalmente, come se il Signore mi dicesse: "Vedi, ho bisogno di te"».

Fin da giovanissimo è affascinato dalla capacità dei sacerdoti che incontra di essere padri di tanti più figli, di quanti mai avrebbero potuto generarne. Il desiderio di diventare uno di loro cresce, silenzioso, mentre diventa adulto: «Volevo spendere la mia vita per qualcosa di utile. Volevo costruire qualcosa che non si perdesse. Mi chiedevo: se tutto alla fine muore, a cosa dedicare me stesso? È stato per questo che mi sono appassionato alla politica. Volevo cambiare il mondo, perché diventasse più giusto. Mi sono iscritto a scienze politiche e ho fatto attività nella DC della mia città. Sono stati anni molto intensi, e appassionanti. Ma anche quando riuscivo a realizzare i progetti cui tenevo di più, mi accorgevo che alla fine non ero davvero felice. Stavo solo tentando di sostituire la proposta di Dio, che in realtà avevo già dentro di me intuito, con la mia, di proposta».

Finché non comprende del tutto: «La rivoluzione che avevo in mente, non era quella che avrei potuto fare con la politica. La vera rivoluzione era aderire alla proposta di Cristo. Dare la vita per costruire la sua Chiesa, un luogo dove poter vivere una vita nuova ora, nel presente».

Intanto ha conosciuto dei ragazzi di CL. Ricorda ancora lo stupore dei primi incontri. «Mi sono detto: per questi, la fede non è una cosa che resta confinata nella domenica, la loro fede abbraccia tutta la vita quotidiana. Era quello che cercavo: una compagnia con cui vivere la fede».

La politica continua ad appassionarlo, ma sa ormai che i conti non tornano. La sera, una volta la settimana, va da un altro amico prete, don Giuseppe. Finito di mangiare lo aiuta a sparecchiare la tavola, e a riporre la tovaglia. «Piegala secondo le pieghe» dice ogni volta l'amico, e lui, ogni volta, la arrangia come gli capita, e la tovaglia si arruffa gonfia e storta. Finché un giorno la sua vita gli sembra uguale a quella tovaglia. «Non riuscivo a capire cosa dovevo fare di me, perché non volevo seguire le pieghe già tracciate, cioè i segni evidenti con cui il Signore mi guidava».

È un resistere. Ci vuole del coraggio oggi a dire: vado prete, e più ancora quando puoi fare un altro lavoro, quando hai una ragazza a cui vuoi bene. Michele cerca di non decidere. Finché una sera non va a cena in un ristorante con una terrazza sul mare, piena di ragazzi che mangiano, bevono e ridono, felici in una notte d'estate. L'amico don Giuseppe guarda la folla rumorosa, se ne sta un po' in silenzio, poi: «Vedi come ridono? Però, in realtà, nemmeno loro sanno perché sono così allegri. Fra un po' torneranno a casa e si dimenticheranno di questa festa, e domani saranno annoiati come prima. Noi sappiamo quello che senza saperlo cercano, che cosa rende felici. Dobbiamo dirglielo».

Noi lo sappiamo, noi dobbiamo dirglielo. Un invito indiretto, che non sfugge a Michele, già in fondo consapevole di dove deve andare. «È stata quella sera, che mi sono arreso. Cosa vuole Cristo da me? Ora era chiaro. Uscendo da quel ristorante mi vennero in mente le parole del *Magnificat*: "L'anima mia magnifica il Signore e il mio spirito esulta in Dio mio salvatore, perché ha guardato l'umiltà della sua serva". Da quel preciso momento la mia vita è rinata. Mi meravigliò il cambiamento che mi vedevo addosso. Gustavo tutto, il lavoro, la compagnia degli amici, in un modo nuovo».

Perché, spiega, «si comprende la propria vita solo se si riconosce che è una vocazione. E si incontra la pace e la felicità solo seguendo la propria vocazione. La nostra vita ha il senso della risposta alla voce di Dio che ti chiama. È per questo, che nasciamo. Anzi incominciamo a esistere proprio perché Dio pronuncia il nostro nome, ci chiama per nome».

E finalmente parte. Per il seminario della Fraternità San Carlo. Ma prima deve spiegare a casa perché né l'università, né la politica, e nemmeno la ragazza che ama sono abbastanza per lui – perché, ora, deve andare. Girava in quei mesi in tv uno spot della Sprite, che diceva: «Ascolta la tua sete». «Vedete – dice lui a casa – è la stessa cosa. Io devo ascoltare la mia sete». Sorride: «A parte la Sprite, il concetto è lo stesso in sant'Agostino: "Il cuore dell'uomo è fatto per Dio, ed è inquieto finché non riposa in lui". La sete, è la voce del Signore che chiama».

Ripete un'espressione che gli è cara: «Dio, è simpatico. Perché per conquistarti genera in te una simpatia che ti attrae nonostante tutte le obiezioni che puoi avere. Non ti obbliga, ma ti seduce con una proposta affascinante dove ti senti stimato, più di quanto tu stesso ti stimi».

Dopo avere detto la prima messa, ha reincontrato la ragazza che amava. Parlano a lungo, e alla fine lei gli dice: «È come se fossimo ancora insieme». «Era quello che anche io volevo dirle da tanto tempo: che le volevo più bene di prima, con più verità di prima. Se dai la vita per Cristo non perdi niente – non perdi nemmeno le persone che ami».

È da cinque anni a Madrid. Da tre lavora in università. Descrive la sua cappella come un avamposto. «Sono queste le nuove frontiere della Chiesa nell'Europa più secolarizzata. Davanti a noi, c'è il deserto. Dentro il deserto dell'università la cappella è come una casa per chi non ha casa. Un'oasi dove si respira un'umanità differente. Io celebro messa tutti i giorni, ma la maggior parte del tempo la passo nella caffetteria, insieme agli studenti. A volte ho quasi l'impressione di perdermi nel flusso disordinato della folla di ragazzi che va e viene. Allora guardo un volto di Gesù di El Greco che ho sulla mia scrivania, e gli dico: "Cosa facciamo io e te, in questa babele?". Ma proprio quel volto mi richiama alla ragione per cui sono lì. La realtà mi diventa amica solo se sono capace di ricordarmi che appartengo al disegno di un Altro».

Non si impara, dice Lugli, a essere preti in cinque anni di seminario, studiando teologia. Non puoi ripetere frasi corrette, ma vuote. Cristo deve entrare nella tua carne. «In fondo, anche in una professione puoi sapere tutto del tuo lavoro, puoi essere il miglior professionista della città, ma, se non sei un uomo, non sei niente».

Si impara a essere preti, avvertendo tutta la propria impotenza davanti al dolore, o alla malattia di un amico. Si impara, scoprendo che dentro ogni circostanza c'è una presenza buona che non ci abbandona, e che salva anche quel dolore in apparenza senza un significato. E a un'amica che è venuta a cercarti disperata ci si trova a dire: non posso toglierti questo dolore, che è la strada misteriosa attraverso cui Dio ti conduce al tuo destino. Ma guardami, sono qui, ti accompagno. «Non sono le mie parole che salvano chi ho davanti, è Cristo che salva attraverso la mia umanità, servendosi di me. Quell'amica al cui dolore non potevo rimediare l'ho abbracciata, e le ho detto: "Questo è l'abbraccio di Cristo che ti dice: non piangere, io sono con te. Non posso toglierti questo dolore, perché questa prova è la strada misteriosa attraverso cui Cristo ti conduce al tuo destino. Ma posso rimanerti accanto"». Fa una pausa, riflette: «Che Dio – dice ancora – abbia fatto dell'amicizia umana un sacramento che guarisce, che accompagna, che comunica la vita di Cristo, è un mistero. Che Cristo usi la nostra umanità per custodire la sua presenza è una cosa inaudita. È un miracolo, che però succede».

«È accompagnando le persone che Dio mette sulla mia strada, che imparo a essere padre, e prete», dice Lugli. «Ho capito che la vita è data per imparare, perché nasca in te un'umanità nuova. Questa è l'opera di Dio in noi: tutto ciò che vivi, le lotte e le esaltazioni e le sconfitte e le gioie, sono le doglie di un parto. Tutta la vita è il travaglio per mettere al mondo un uomo nuovo».

Nel rumore della caffetteria della facoltà di architettura nascono amicizie inaspettate. Come con Fateme, una ragazza iraniana che un giorno si siede accanto al sacerdote italiano, curiosa di scoprire un altro mondo. Fateme diventa un'amica della piccola compagnia di cristiani dell'università. Quando muore Giovanni Paolo II, lascia una rosa bianca sulla porta della cappella, per partecipare al dolore dei compagni. Don Lugli a volte le domanda, ridendo, cosa fanno assieme un prete cattolico e una ragazza musulmana. Lei risponde: «Cercano la felicità».

E in tanti, racconta Michele, trovandosi davanti a un sacerdote gli chiedono di pregare per loro. «Forse perché è più facile rivolgersi a un uomo che vedi, che a un Dio che non vedi. Il segno ti aiuta a vedere il mistero, a percepire la presenza di Dio che ti accompagna».

Ci si trova, in quell'imparare nella carne a essere prete, davanti alla domanda ultima che prima o dopo si fanno tutti gli uomini, quando vorrebbero vivere, e invece devono morire. Come con Miguel, che stava morendo di cancro. «Gli ho chiesto se voleva l'unzione degli infermi, per essere in comunione con la sofferenza di Cristo sulla croce. Miguel ha taciuto per qualche secondo, poi mi ha risposto: "Non ho paura della morte. Se Cristo è resuscitato, tutti i poveri cristi come me resusciteranno". Pronunciò più volte questa frase, e gli cambiò la faccia. Lo vidi calmarsi. Aveva ritrovato quello che aveva perso, l'unica cosa importante per vivere, la fede».

Perché devo morire, mentre voglio vivere? È una domanda ineludibile ovunque, anche nella folla chiassosa della caffetteria di Architettura a Madrid. «La morte – dice Lugli – è in realtà l'esperienza di ogni giorno. Siamo castelli di sabbia, pupazzi di neve che il sole corrompe. I sogni falliti, le sconfitte, gli abbandoni sono anticipi di morte, anche quando sei giovane. E quando invecchi poi, e il tuo corpo ti tradisce. Non puoi non chiederti che senso ha avuto la tua fatica, e il bene che hai voluto, se l'ultima parola su tutto è la morte. La resurrezione di Cristo non è un sogno. I discepoli non hanno sognato. Ma anche fra noi, anche oggi la resurrezione si manifesta. Ci sono uomini che portano ferite nell'anima, che hanno sperimentato la morte, ma sono stati presi e trasformati da Cristo. E ora vivono con un gusto nuovo, con un'altra energia e capacità di amare. Davanti a queste persone possiamo essere come san Tommaso: mettere le dita nelle loro ferite, guardare le loro facce cambiate. Possiamo dire anche noi come Tommaso: "Mio Signore e mio Dio"».

Quello che oggi parla così dall'avamposto di un'università nella Spagna di Zapatero era un ragazzo di Pesaro, che faceva politica e sognava confusamente un mondo più giusto. Fino a quando ha capito che la politica non gli avrebbe permesso una rivoluzione grande quanto la voleva – una rivoluzione vera. Occorreva capire, e aderire a una strada diversa, forse più difficile, di quella che aveva immaginato. C'è una canzone di Chieffo, ricorda il giovane missionario a Madrid, che fa: «Un giorno tutto sarà chiaro, e sai quante risate, quante paure sfatate». La cantano ancora i ragazzi di CL. «Ecco – dice Michele – scoprire la mia vocazione è stato come cominciare a intravedere l'alba di quel giorno, in cui tutto sarà chiaro. Non sapendo in che modo andrà a finire: ma con la certezza che sei comunque accompagnato».

XIV

AL FUNERALE DI UN PRETE

Busto Arsizio, un giorno di febbraio del 1991. Chi fosse passato quel mattino da questa cittadina della provincia di Varese avrebbe potuto chiedersi che cosa fosse successo, a gremire così di gente piazza Garibaldi, via Milano, piazza San Giovanni, fino a colmare la basilica. Le saracinesche abbassate, e quella folla silenziosa – a Busto, cuore dell'Altomilanese operoso e ricco, che non si ferma mai, e quasi neanche la domenica. Era, quel giorno, il giorno del funerale di un prete della città, un prete giovane, poco più che quarantenne, assassinato da uno dei ragazzi di cui si prendeva cura, nella comunità di recupero dei tossicodipendenti che aveva fondato. Un prete molto amato, insegnante di religione e catechismo di una generazione di ragazzi, uno che girava in talare nera sulla sua bicicletta, come il don Camillo di Guareschi; e quella veste nera se la toglieva solo per giocare a pallone coi bambini dell'oratorio. Uno che predicava in chiesa la domenica, e la gente poi, a casa, tornava coi pensieri su ciò che aveva detto. Al funerale di don Isidoro c'era dunque tutta Busto, in quella mattina d'inverno.

E, schiacciato nella basilica piena di gente, c'è anche un liceale, che pure voleva bene a quel prete. Ai suoi occhi di ragazzo, don Isidoro è quanto di più simile a un santo abbia mai visto. Un uomo forte, sincero. Uno che ha dato, davvero, la vita per i suoi amici, e l'adolescente tra la folla sa che «non c'è amore più grande di questo». «Potessi assomigliargli», dice con lo slancio dell'adolescenza Emmanuele Silanos. È la prima volta che in lui, pure cresciuto in una famiglia profondamente cattolica, si affaccia questo pensiero. Sia pure sull'onda di un'emozione, come spinto da quella gran folla che piange, e destinato ad abbattersi subito contro la coscienza del proprio limite: «Io non posso, io non sarei capace». È solo come un colpo di vento, che apparentemente non cambia niente; tuttavia, è il primo annuncio di ciò che sarà. Nella chiesa stretta attorno a un sacerdote morto, un'altra vocazione, come una vita nel grembo materno, nascostamente è appena cominciata.

Emmanuele Silanos è un ragazzo fortunato, e ne ha l'aspetto. Le spalle larghe, la mascella decisa, dà l'idea di uno di quelli che, in qualsiasi cosa si mettano, riescono. Un primo della classe, il preferito dei professori, uno di quei giovani che, qui nelle aziende familiari lombarde, il padrone assume senza guardare il curriculum, a naso, riconoscendo già dal portamento uno capace come se stesso. Uno che ama giocare a pallone, e a cui piacciono le belle ragazze. Che oggi, mentre scrivi questa intervista, questo ragazzo ti mandi un'*e-mail* da Taiwan, dove è appena arrivato come missionario della Fraternità San Carlo, è un'altra di quella sorta di variabili impazzite che si ritrovano frequentemente nelle storie di questi uomini incontrati, come sottratti alla vita che per loro si poteva prevedere, sedotti da un irresistibile imprevisto, lungo la strada.

Silanos dunque è un fortunato. Uno con radici talmente forti alle spalle, che per parlarti di sé comincia dai suoi nonni. Sardi, di Alghero, quelli paterni, e immigrati al Nord; bustocchi i materni, sui quali domina l'immagine del nonno Giovanni, imprenditore che nel dopoguerra costruisce sui rottami metallici una fortuna. Nonni cattolici, genitori giessini, cresciuti da don Giussani, cui il padre, Franco, è molto legato. Emmanuele: «Da mio padre, ho imparato quasi tutto. Che Cristo è una presenza concreta, che è la sostanza di ogni rapporto, l'ho saputo dai miei, e dalla loro fede. Da mio padre ho ereditato anche il rispetto per l'idea di una vita dedicata interamente a Dio. E non ho mai dimenticato la frase di san Francesco che mi citava sempre, quando io mi scandalizzavo per l'incapacità o la debolezza di qualche prete. Davanti a chi gli indica un prete peccatore, san Francesco si dirige verso quell'uomo, gli si prostra davanti e gli chiede di potergli baciare quelle mani attraverso cui Cristo viene nel suo corpo e nel suo sangue. L'oggettività, insomma, del sacramento del sacerdozio, per cui Dio può servirsi anche dell'uomo più indegno, per andare fra gli uomini».

Una cosa era chiara, dall'educazione ricevuta da Silanos: la vita, è risposta a un compito. Lo guardi, questo sacerdote che ti guarda dritto negli occhi, sorridente, certo, e ti chiedi come lo ha saputo guardare sua madre, per farlo venir su piantato nella vita come certi giovani alberi nei vivai, di cui indovini che diventeranno più forti degli altri. «Sono sempre stato – dice lui – il prediletto di mia madre, ciò di cui le mie due sorelle, comunque amatissime, non hanno mai sofferto, limitandosi a ironizzare amabilmente su tanto affetto nei miei confronti». «Il bambino», lo chiamavano le sorelle ridendo, o, più avanti, «il bamboccio», ma con quella venatura di tenerezza che si ha verso chi si ama. «È vero – riconosce Silanos –, io sono stato oggetto di un amore straordinario». Della madre, prima di tutto. Sigmund Freud ha detto che un uomo che è stato il favorito di sua madre mantiene per tutta la vita l'atteggiamento interiore di un conquistatore. Il ragazzo appena partito per Taiwan ha qualcosa di questo slancio fiducioso addosso.

E, ancora, la vita è generosa con lui mettendolo a crescere in una grande casa dove vivono la sua famiglia e quelle degli zii. Case le cui porte d'ingresso non sono mai chiuse a chiave, e i bambini, tredici in tutto, vanno e vengono come in una famiglia sola, e giocano in un grandissimo cortile, a pallone, a nascondino, in epiche battaglie coi figli dei vicini, come quelle della via Pal. Il più caro degli amici gli è maggiore di due anni, un ragazzo di quella semplicità che attira istintivamente gli altri, il compagno inseparabile con cui si può far notte guardando in tv una partita di calcio, come parlando del proprio destino. Uno che si gioca totalmente, in ogni cosa faccia. Lui e Silanos sono come fratelli. E sarà un fulmine, quando Emmanuele verrà a sapere che l'amico parte. Che va a Roma, alla Fraternità San Carlo. In seminario. «Ne rimasi stupefatto. Io che, vedendo che non si cercava un lavoro, che non aveva una fidanzata, lo giudicavo un eterno adolescente, non avevo capito niente. La sua letizia, la sua apparente spensieratezza, non era immaturità, ma la certezza di chi aveva già deciso. Da quel momento in poi la prospettiva di seguirlo cominciò ad agire, dentro di me, come un tarlo, che non mi avrebbe più lasciato. L'idea di pretendere di essere come don Isidoro, o come altri sacerdoti eroici di cui avevo sentito parlare, mi aveva sempre affascinato, ma mi spaventava. Ma se il mio amico più caro voleva diventare prete, e addirittura diceva di voler "essere santo", voleva dire che potevo farlo anche io».

Nulla, dunque, è mancato all'infanzia di Emmanuele. Ma, prima o poi, inevitabile è l'incontro con il dolore. Per lui accade negli anni del liceo, quando, prima di don Isidoro, vede morire in pochi mesi tre coetanei. Monica e Andrea se ne vanno in un incidente stradale. Sara, che era così brava a scuola, e simpatica, e bella, annega in Sardegna, in pochi centimetri d'acqua. Una morte incredibile. Sara così giovane e splendida, Sara che lo coccolava come un fratello minore, è morta. «Come in *Cent'anni di solitudine* di Gabriel García Márquez – dice lui –, dove c'era una ragazza tanto bella, che il cielo la rapisce».

Dopo il dolore Emmanuele scopre, nel primo anno di università alla Cattolica, il limite. «Me ne stavo un po' troppo chiuso in me stesso, silenzioso. Aspettavo il momento in cui – pensavo – tutti si sarebbero accorti di me, della mia simpatia, della mia – presunta – intelligenza. Iniziai a fare amicizie solo quando, durante le vacanze degli universitari di CL, cominciai a intuire che c'era, in loro, qualcosa che io non avevo. Non erano tutti più bravi o più intelligenti di me, eppure io non ero capace di stare assieme agli altri, come facevano loro. Per la prima volta chiedevo a Dio l'umiltà e il coraggio di stare con persone che non mi ero scelto io, ma che erano il luogo in cui Cristo diventava carne, in cui l'amicizia diventava concreta».

L'amico che parte per il seminario è, dopo tutto questo, la spinta che decide della vita. Come quello che in montagna supera per primo un passaggio sul vuoto, e anche chi gli è dietro si fa coraggio: allora, ce la faccio anche io. «Andai, poi, a trovare il mio amico alla Fraternità, a Roma. Fu quasi, è vero, un giro di perlustrazione. Ma vederlo come stava con i suoi amici, come scherzava, mi commosse profondamente. Ne ero certo ormai, quella vita mi affascinava».

Intanto si è laureato, fa il servizio civile. Sarebbe l'ora di pensare a un lavoro. O di appurare quell'idea, che ha preso forma e corpo, ma che per mesi non osa quasi confessare a nessuno. Come se certe cose grandi non potessero essere dette nemmeno a se stessi. O come non sapendo se temere, nella reazione altrui, di più lo scetticismo oppure la fiducia, di chi ti prenda sul serio. È Pasqua, e lui è teso e scoraggiato in quel suo silenzio, quando va a confessarsi a Busto, da un prete mai visto prima, né mai più incontrato. «Gli dissi che m'ero laureato, lui mi chiese cosa avrei fatto ora, e io non sapevo cosa rispondergli nella mia confusione. E lui allora, provocatoriamente: "Almeno saprai se il Signore ti chiede di sposarti, o di diventare prete?"». «È proprio questo, che non ho capito!» risponde Silanos, lasciando, si può supporre, il confessore di stucco. Ma il sacerdote si riprende subito: «Senti, ragazzo, c'è un prete che conosci e con cui puoi parlare liberamente? Allora, fallo, ma non aspettare ancora».

Strano, come alle volte uno sconosciuto che non

ci ha mai visti possa dire ciò che avevamo bisogno di sentirci dire. Come se per rimettere in moto un ingranaggio misteriosamente inceppato occorresse un tocco minimo ma preciso, che solo dalla parola di quella persona ignota può passare. C'è chi lo chiama «caso». I cristiani la chiamano Provvidenza.

Silanos rincorre per un mese il suo amico don Ambrogio, ansioso di metterlo finalmente al corrente della sua intenzione. «Credo di voler fare il prete», gli dice. «Perché?» chiede don Ambrogio. «Perché – risponde lui, che ha avuto modo ormai di pensarci su bene – facendo il sacerdote divento uno strumento di Cristo indipendentemente dalla mia bravura: suo strumento sempre e comunque, anche se fossi l'uomo più mediocre del mondo». (L'eco di san Francesco nelle parole del padre, metabolizzato e diventato asse portante di vita). E perché – aggiunge, ripetendo la verità di cui è cosciente fin da bambino – vuole portare quell'amore straordinario di cui è stato oggetto nella sua vita a chi della sorgente di questo amore non può nemmeno immaginare l'esistenza, lontano, anche agli estremi confini del mondo.

Don Ambrogio gli fa iniziare un percorso per chiarire la sua vocazione, seguendo l'insegnamento di don Giussani. Improvvisamente la vita, che per tanti mesi era rimasta ferma come acqua in uno stagno, accelera e acquista uno strano splendore in quella prospettiva da seguire, che esplode, agli occhi di Emmanuele, in tutta la sua pienezza di fascino. Qualcosa come quando, in montagna, si cammina per ore, e pare d'essere così stanchi da non poter più fare un passo; ma, vedendo da lontano il rifugio che ci si è dati per meta, la stanchezza scompare, e ci si affretta sul sentiero.

Un giorno di fine luglio con un amico scende a Roma in auto. Parla con don Camisasca e don Attanasio. «Puoi entrare fra un mese», gli dicono. Torna a Milano e va in pellegrinaggio a Częstochowa. È un gesto che fanno tutti gli anni i neolaureati del movimento di CL. Per lui, ha un significato più grande, che non può però dire a nessuno. Lo tiene per sé, in silenzio. Mancano pochi giorni ormai.

La madre, alla notizia, sembra subire un colpo duro. Per un anno intero continuerà a sentirsi triste. Le madri, viene da pensare nel raccogliere queste storie, sono, anche le più credenti, attaccate ai figli di un amore viscerale; e se un figlio ti dice che andrà missionario, la madre pensa che andrà lontano e non lo vedrà quasi mai più, ed è uno strappo nella carne. Bisogna dare del tempo alle madri, perché siano contente, come ora lo è Isa Silanos.

Ma un colpo, anzi un pugno in piena faccia è anche quello che riceve il giovane seminarista appena varcata la porta di via Boccea. L'amico che con la sua vocazione lo ha così profondamente provocato, quello che ha mosso un pensiero insistente come un tarlo – «Se ne è capace lui, posso farlo anche io» – quell'amico se ne è appena andato. Ha lasciato la Fraternità, non sarà sacerdote. Emmanuele vacilla sotto la botta presa, si chiude in camera, e si domanda cosa potrà raccontare per tornare a casa, domani. Perché non è più certo, di voler restare. Il compagno che gli aveva mostrato la strada è andato a casa, e dunque? Emmanuele va a letto senza dire una parola. Quella che al primo istante gli è parsa una beffa, col passare dei giorni, gli appare come una domanda dura, tagliente: «Tu, sei venuto qui per Me, o per il tuo amico?». Un mese dopo, Emmanuele è rimasto. Riscrive in una lettera delle parole dette da Camisasca ai nuovi arrivati, e le fa sue: «Io, non scelgo niente. Io sono scelto da un altro secondo tempi, modi e strumenti suoi, che decide Lui. A me non resta che dire di sì: in questo consiste la mia libertà».

E il 14 novembre 2006 Emmanuele Silanos parte per la sua missione a Taiwan. Alla scaletta dell'aereo a Fiumicino lo accompagnano tutti, genitori, parenti, amici, don Massimo. Forse gli viene in mente quel film del regista Zhang Yimou, *Vivere!*, visto da studente, che lo aveva commosso tanto da appassionarlo alla Cina, e al popolo cinese. Era la storia di una tragedia familiare, attraversata però come da una domanda dei protagonisti: il desiderio di una felicità e una bellezza che cercavano, senza poterla trovare. A Emmanuele era venuto in mente ciò che diceva Giussani del cuore dell'uomo: che è ovunque uguale, e che porta sempre la stessa domanda di felicità, e che il compimento di quella felicità è Cristo. Quel popolo lontano cui Cristo non era stato annunciato era, per il ragazzo di Busto, come una domanda.

Racconta via *e-mail*, appena arrivato a Taiwan: «La prima cosa che succede quando arrivi qui è che ti cambiano nome e te ne danno uno nuovo, cinese. Prendono il tuo nome e cognome e te li cambiano in nomi cinesi, che gli somiglino. Silanos è diventato Xiè; Emmanuele è diventato En. In mezzo, Chěn, perché, dicono, suona bene. Xiè Chěn En è il mio nuovo nome. Ma cosa vuole dire? ho chiesto a uno dei due miei compagni italiani. Vuol dire, m'hanno risposto, "Grato per il dono ricevuto". Non c'è nome più indicato per dire come mi sento adesso. Passando per le strade della capitale ho visto le stesse facce di quel film, e negli sguardi la stessa domanda: di un dono grande, di essere amati da qualcuno disposto a dare la vita per te. Io sono qui per testimoniare con la mia vita a questa gente la mia gratitudine per avere ricevuto quel dono che anche loro, forse senza saperlo, aspettano».

XV

«IO, HO GIÀ AVUTO TUTTO»

«Questo è un lombardo», indovini ancora prima che apra bocca, solo guardandolo nelle spalle larghe e nel portamento, e nello sguardo aperto che ti piazza addosso. Un lombardo della Bassa, come con una sorta di forza mansueta addosso, che ti fa pensare alle distese padane che vanno verso il Po, feconde dentro la nebbia come sotto il solleone.

Don Martino De Carli, quarantun anni, appena tornato dall'Argentina e in partenza per il Cile, è un figlio di quelle campagne, venuto su a Ospedaletto Lodigiano, che quarant'anni fa era un paesino di cascine e oggi è una piccola città sfiorata dall'autostrada del Sole. È figlio, anche, di una certa Lombardia cattolica, la madre maestra, il padre piccolo imprenditore, l'infanzia fra i cortili e l'oratorio, e una fede trasmessa, dice lui, «osmoticamente», senza bisogno di troppe parole – come l'abitudine al lavoro, o l'accento largo e dolce della gente di quei posti.

Un figlio che, a dieci anni, in una sera uguale alle altre, in cucina dopo cena, gironzolando attorno alla tavola come fanno i bambini stanchi di stare seduti, se ne viene fuori all'improvviso: «Da grande, voglio fare il missionario». Quasi non avendoci nemmeno compiutamente pensato, quasi quella frase si fosse detta da sé.

La famiglia attorno alla tavola lo guarda stupita,

ma il padre risponde, tranquillo: «Va bene, se quando diventerai grande questo desiderio l'avrai ancora, ci penserai». Non scetticismo, e neppure soddisfazione. Dice il figlio, trent'anni dopo: «È come se mio padre mi avesse detto: questo seme mettilo nella terra, vedremo se crescerà». Con quell'attitudine fiduciosa della gente di un tempo, in queste campagne: si semina, poi ciò che si raccoglie è nelle mani di Dio.

Ed è stato così, racconta oggi De Carli: come se un seme lasciato sotto terra avesse negli anni allungato lentamente le sue radici, senza rumore, e lasciando anche talvolta pensare che non fosse vero, che quel desiderio non fosse ancora vivo e non stesse maturando, lì nascosto nel buio.

Era semplice, la vita nella casa di Ospedaletto. «Va bene, adesso mettiamoci al lavoro», diceva ogni mattina il padre, appena alzato. In un orizzonte chiaro: nella vita, bisogna costruire. E non in una logica di profitto, ma dentro la tradizione cristiana: lavorare, significa trasformare la realtà. La madre, invece, sembra nei ricordi di De Carli l'interlocutrice delle domande più grandi. Come una sera, all'ora in cui il bambino già a letto, le coperte rimboccate, improvvisamente le chiede: «Ma come si fa, a credere in Dio?» (quasi sia pure infantilmente avvertendo in se stesso un germe di impotenza, come intuendo che né la tradizione, e nemmeno la stessa volontà, bastano da sole a darsi una fede certa). E la madre, in risposta: «La fede, bisogna domandarla. È un dono». Limpida teologia di una maestra elementare, in un cristianesimo non ancora sfiorato dai dubbi e dai sofismi della secolarizzazione. In casa c'è il nonno comunista, che a messa non va mai. «Perché?» chiede il bambino. «Perché non crede» risponde la mamma, e poi, dopo una pausa: «Però, guarda che fare la comunione e non farla non è la stessa cosa, perché è una cosa che a lungo andare ti cambia».

«Vede – dice De Carli –, che la fede sia un dono, e che i sacramenti ti trasformino, sono diventati due fondamenti della mia vita. Ma la prima a dirmelo, con assoluta semplicità, è stata mia madre».

Il cristianesimo «osmotico», trasmesso con poche parole, e ancora di più nell'abitudine di uno sguardo, di un respiro dentro a cui si cresce, diventa nel ragazzo di Ospedaletto fede solida, immune da crisi anche in anni, la fine dei Settanta, in cui tutta una generazione piega da un'altra parte: «La bontà della tradizione cristiana, io l'avevo vissuta concretamente», dice lui.

Ma, e quell'idea infantile di diventare missionario? Al liceo, sembra dimenticata. È un ragazzo che ama molto studiare, che ci tiene a esser bravo. La filosofia, la storia lo affascinano. La vocazione non si vede più. Nascosta, come un ruscello carsico. O forse come un sogno fanciullesco, un'immaginazione di bambino detta senza una ragione una sera in cucina, dopo cena. È con l'ultimo anno di scuola che il ruscello torna in superficie. Nel momento delle scelte, quando non basta più studiare ma occorre decidere cosa fare di sé. «Mi piacevano le lettere classiche, e tanto anche la storia. Avevo in mente la sofferenza degli uomini e il servizio ai poveri, e dunque Medicina, quella che poi ho scelto. In realtà ero confuso, come dominato da un'insoddisfazione, come se non riuscissi a vedermi davvero in nessuna delle professioni, che con animo ancora adolescente tendevo a considerare "borghesi". Era, ecco, come se tutte le immagini che avevo davanti agli occhi non fossero capaci di appagare il desiderio che avvertivo in me. Io non voglio, mi dicevo, vivere come quelli che la sera tornano a casa e tirano giù la saracinesca. Era un'idea estremista, certo, quel giudicare "borghesi" le professioni di avvocato o di ingegnere. Però questa insoddisfazione, quest'ansia di una vita da spendere in qualcosa di totale, mi restava dentro. Non le ho dato retta, anche perché mio padre era favorevole alla scelta di Medicina, e io del suo parere tenevo conto. Mi sono iscritto a Pavia e mi sono laureato: sono un medico. Eppure anche negli anni dell'università questa insoddisfazione continuava ad affiorare. Era il desiderio di incontrare qualcosa che soddisfacesse il mio bisogno di spendere la vita totalmente, era una fame di una totalità».

«Volevo tutto», ci ha detto uno dei compagni di seminario di De Carli. Lui non usa questa espressione ma il senso è lo stesso. Lo studio, i bei voti, la prospettiva della professione, certo, ma niente di tutto ciò lo appagava fino in fondo. Come in quella poesia di Montale che ripete: «Non è per questo», inseguendo l'ombra di questa incompletezza. Non mi basta questo, per essere felice.

La svolta è in due incontri. Il primo con un sacerdote di Pavia, don Francesco. Attraverso di lui l'intuizione di una dedicazione totale a qualcosa comincia ad assumere dei contorni, prende una forma: è il sacerdozio. Il seminario di Lodi, e non l'università o un ospedale, è il luogo in cui andrà, dopo la laurea. E mentre questa decisione è appena presa, De Carli incontra dei ragazzi di CL. «È stato un incontro che ha fatto rifiorire tutta la tradizione cristiana che avevo ricevuto in famiglia. Non una conversione, ma il fiorire di qualcosa che era già in me, latente, e a cui la compagnia incontrata ha dato profondità, consapevolezza e ragione».

Il 23 settembre 1993 alle sei di sera si laurea. Il mattino dopo alle sei entra nel seminario diocesano di Lodi per assistere alla prima lezione di teologia. Nemmeno un giorno di vacanza. Non si ha voglia di andare in vacanza, quando si parte, finalmente, per ciò che si desiderava da tanto.

In seminario, si trova bene. Non è per una difficoltà che comincia a pensare alla Fraternità San Carlo, ma nell'approfondirsi di una rete di amicizie che maturano anche durante il servizio civile a Bresso.

«Ciò che mi aveva affascinato era la decisione, la chiarezza con la quale Giussani riconduceva tutto alla persona di Cristo. Quando leggevo i suoi libri era come se percepissi la grazia di andare all'essenziale, al fondamento di tutto, e quindi anche della mia vita. Come la capacità di sfrondare ogni cosa non indispensabile, andando alla radice del cristianesimo. Mi aveva colpito l'unità che avevo visto tra quella gente, e anche come la vita cristiana fosse tra loro presa sul serio. Non era solo un fascino intellettuale: volevo che la mia vita quotidiana fosse in comune con altri, toccati da quello stesso accento cristiano».

È forse, oltre alla gente incontrata, anche il ricordo di quel «io farò il missionario» detto una sera da bambino, il riallacciarsi dopo vent'anni di un'intuizione rimasta in sospeso, apparentemente inerte ma viva, e pronta a germogliare?

Al quarto anno di seminario Martino De Carli entra nella Fraternità dei Missionari di San Carlo Borromeo.

Come ha vissuto in via Boccea?

«Sono stati anni molto belli. Non saprei usare un altro aggettivo. È bello vivere dove c'è una compagnia e un'autorità che ti aiuta a riconoscere la bellezza della vita e di ogni cosa. Io avrei potuto rimanere cinquant'anni chiuso nella mia stanza a studiare, durante gli anni del liceo, ma non avrei potuto conoscere me stesso e il mio destino così come mi è accaduto attraverso questa bellezza intravista. Dove per bellezza intendo la vita in comune, l'umanità delle persone incontrate e un ideale costantemente riproposto. Delle persone concrete che mi hanno aiutato a scoprire me stesso. In un continuo misurarsi, confrontarsi ed essere riportati su un cammino, avendo davanti la faccia di un uomo che ti richiama a ciò che dimenticheresti, se fossi solo. Infatti spesso io mi sono detto che se non avessi incontrato la Fraternità, sarei stato un uomo solo, nel senso esistenziale del termine».

Da Medicina a Pavia, al seminario di Lodi, a una Fraternità missionaria.

«La sera prima dell'ordinazione ho dormito tranquillo. Mi sentivo come se tutto ciò che mi era accaduto fosse stato il corso di un fiume dal tracciato zigzagante, che però sfociava, ben più largo del ruscello originario, nel mare in cui doveva arrivare. E oggi posso dire che nessun momento della mia storia o niente di ciò che ho fatto ha rappresentato un ostacolo o una contraddizione rispetto a questo cammino: tutto mi sembra rientrare in un disegno complessivo su di me».

E se oggi un ragazzo le chiedesse: ma tu, perché hai fatto il prete?

«Risponderei che l'ho fatto perché ciò che nella mia famiglia e poi dai miei amici mi è stato trasmesso è che vivere il cristianesimo è bello, è qualcosa di umanamente attraente e vero».

Ascolti questo giovane sacerdote con una tacita invidia. Spendere totalmente la vita per qualcosa che corrisponde alla tua domanda di felicità, senza più dover tanto spesso voltarti indietro dicendo – se sei sincero: «Non è per questo, non era questo, che davvero volevo».

Eppure, ti viene da obiettare: dici di essere pienamente appagato da questa scelta totale, e però non ti manca ciò di cui gli altri uomini hanno bisogno? Non ti manca l'istinto di continuare te stesso in un figlio, di non morire, carnalmente, del tutto?

«A questo, da ragazzo non avevo mai pensato. Solo quando ho cominciato a educare i ragazzi e soprattutto quando nella missione in Argentina mi sono visto crescere intorno quaranta adolescenti che ho seguito e amato, ho cominciato a capire cosa è la paternità. E mi sono detto che essere sacerdote non è un di meno, perché spendersi per dei ragazzi che non sono figli tuoi, accompagnarli nel loro destino, è una cosa immensa ed esige una gratuità e una dedizione non inferiori a quelle di una madre o di un padre. L'obiezione che tu poni, il non "continuare" nella carne, potrebbe nascere se uno vive il sacerdozio sterilmente, cioè se uno non si fa coinvolgere dalla realtà, non costruisce e non educa; se, in fondo, vive da borghese. Allora sì, quell'obiezione potrebbe sorgere, perché nessuno può resistere a lungo di fronte alla sterilità della propria vita».

Amare dei figli che non ti appartengono, e lasciarli andare...

«Questa è l'essenza della verginità, il non possesso. Ciò che sto imparando adesso che ho lasciato l'Argentina, e vado in Cile. Quei ragazzi che mi sono così cari ora li dovrò seguire e amare dentro una distanza, in una forma totalmente diversa. E in una gratuità assoluta».

Anche la missione è andare, e separarsi da ciò che si aveva caro. Che cosa spinge ad «andare»?

«La missione è comunicare agli altri la carità che si è ricevuta nella vita. Questa è davvero l'unica cosa che spiega il sacrificio di lasciare la propria terra. Io ero profondamente legato alla mia campagna lombarda, alla mia famiglia, e ho sentito duramente la separazione, nel salire su quell'aereo che mi avrebbe portato a undicimila chilometri di distanza, in un Paese diverso e lontano».

La prima missione di don De Carli era vicino a Buenos Aires, in una parrocchia periferica, in mezzo a gente anche molto povera. La Bassa padana, così lontana da sembrare perduta. «Ma subito – dice lui – è stato evidente, e poi nel tempo si è caricato di gioia e di pace, che quel passo che io avevo fatto partendo era proprio un rispondere a ciò che avevo ricevuto, un cercare di portare ad altri la bellezza e la carità che avevo ricevuto. Il giorno che sono partito avevo una gamba rotta, mi caricarono sull'aereo come fossi stato il papa, e in viaggio in quelle condizioni pensavo: se non fosse per quello che ho ricevuto, mi sembrerebbe tutto spropositato, e forse anche inutile. E questo, credo, è ciò che può sostenere il missionario davanti agli insuccessi: la memoria di quanto ha ricevuto, la gratitudine, perché in fondo sa di avere già avuto tutto. Per cui se poi converte cento persone, oppure invece solo una, o se va incontro a persecuzioni, non è così importante – nella memoria di aver già avuto tutto».

Ti viene in mente – pensi nell'ascoltare – un anziano missionario comboniano che hai incontrato, al quale un giorno in un Paese africano dei guerriglieri avevano teso un agguato. E mentre coi fucili puntati lo minacciavano di ucciderlo quello, inerme, se ne venne fuori con queste parole: «Non importa se mi ammazzate, perché io ho vissuto mille volte più di tutti voi». Come il: «Io, ho già avuto tutto» di questo giovane prete.

«Se non c'è questa coscienza tutto diventa progetto affannoso di voler conquistare qualcosa a tutti i costi, di volere a tutti i costi forzare la realtà. Mentre la missione è semplicemente un debordare di ciò che già si è ricevuto. Allora si fa tutto con una pace interiore, che altrimenti non sarebbe possibile». E ora il ragazzo di Ospedaletto parte per il Cile. Come quel vecchio comboniano dell'agguato, che partì per l'Africa sessanta anni fa. Uno torna, l'altro va. Non smettono mai di partire.

LA FRATERNITÀ SAN CARLO

La Fraternità Sacerdotale dei Missionari di San Carlo Borromeo nasce dall'invito che Giovanni Paolo II fa al movimento di CL in occasione del suo trentennale: «Andate in tutto il mondo a portare la verità, la bellezza e la pace che si incontrano in Cristo Redentore». Don Massimo Camisasca e altri sei preti di CL il 14 settembre 1985 a Roma danno vita a un seminario per i giovani di Comunione e Liberazione disponibili a vivere il sacerdozio portando in tutto il mondo il carisma di don Giussani.

Il 19 marzo 1999 la Fraternità viene riconosciuta come società di vita apostolica di diritto pontificio da Giovanni Paolo II. Dal 2003 è sorto a Città del Messico un secondo seminario per i giovani che provengono dall'America latina.

A oggi la Fraternità conta centocinque membri definitivi e una trentina di giovani in formazione. I sacerdoti che ne fanno parte abitano in ventitré case di tre o quattro persone, sparse in quattro continenti.

In Italia i missionari vivono nelle diocesi di Roma, Bologna, Chieti, Frosinone, Grosseto, Milano, Porto-Santa Rufina, Trieste.

In Europa la Fraternità San Carlo è presente a Vienna, Praga, Budapest, Mosca e San Pietroburgo, nei pressi di Friburgo in Germania, di Lisbona e di Madrid. In Africa i missionari della San Carlo operano a Nairobi (Kenya); in Asia, nel Patriarcato di Gerusalemme, a Novosibirsk (Siberia) e a Taipei nell'isola di Taiwan.

In Nord America le case della Fraternità si trovano a Washington, Attleboro (Massachusetts), Boston e Montreal; in Sud America, infine, i missionari sono impegnati a Città del Messico, Santiago del Cile, Concepción (Cile), Asunción (Paraguay) e La Plata (Argentina).

INDICE

Stampa: 2007
Società San Paolo, Alba (Cuneo)
Printed in Italy